日知文丛

书 影 三 叠

王洪波　著

浙江古籍出版社

图书在版编目（CIP）数据

书影三叠：人文学术访谈录 / 王洪波著. —— 杭州：浙江古籍出版社, 2023.10
（日知文丛）
ISBN 978-7-5540-2701-1

Ⅰ. ①书… Ⅱ. ①王… Ⅲ. ①人文科学—文集 Ⅳ. ①C53

中国国家版本馆CIP数据核字（2023）第176103号

日知文丛
书影三叠——人文学术访谈录

王洪波　著

出版发行　浙江古籍出版社
（杭州市体育场路347号　邮编：310006）

网　　址	www.zjguji.com
责任编辑	周　密
文字编辑	韩　辰
封面设计	吴思璐
责任校对	吴颖胤
责任印务	楼浩凯
照　　排	浙江大千时代文化传媒有限公司
印　　刷	浙江海虹彩色印务有限公司
开　　本	889 mm × 1194 mm　1/32
印　　张	8.5
字　　数	177千字
版　　次	2023年10月第1版
印　　次	2023年10月第1次印刷
书　　号	ISBN 978-7-5540-2701-1
定　　价	58.00元

如发现印装质量问题，影响阅读，请与市场营销部联系调换。

序一

　　洪波和我是二十多年的老朋友了。这些年来，我们之间有过大量的工作联系。我在《中华读书报》发表的大量文章中，许多是洪波编辑的。我还多次接受洪波对我做的访谈。2015年起，我特约编辑的"科学文化"专版从以前的《文汇读书周报》转到了《中华读书报》，洪波担任该版的责任编辑，工作联系就更为紧密而且固定了。这些年来，洪波敬业、勤奋、工作认真，和作者打交道时谦逊而真诚，赢得了我和学术界许多朋友持久的友谊。

　　我经常自诩一件事——我总能和优秀的编辑成为朋友，洪波就是这样的朋友之一。现在洪波将他多年来对学者的访谈精选结集为《书影三叠：人文学术访谈录》一书，嘱我作序，我虽不无佛头着粪的担心，但还是非常乐意从命。

　　尽管国内好几家报纸仍有定期或不定期的读书版面，但是毋庸讳言，这些版面正在萎缩甚至被取消。在这种情况下，《中华读书报》成为国内仅存的大型专业读书报纸，堪称中流砥柱。而洪波长期在《中华读书报》兢兢业业地工作，这使他和普通报纸编辑有所不同——具有更高的专业性。在多年的工作中，洪波以他的真诚和敬业，结识了大量学者。因此他访谈的对象选择，基本上都是各自专业领域中有影响的人物。

　　洪波的这些访谈，事先都会认真做功课，收集访谈对象的资料，阅读他们的论著，然后精心设计访谈的问题。以书中收入的一篇对我的访谈为例，他提的问题都很有意义，也都是我乐意并且能够较好回答的。书中访谈的另外几位我相对比较熟悉的学者，比如席泽宗、沈昌文、止庵等，情形也是如此。

　　本书书名中有"三叠"字样，当然容易让人想起"阳关三叠"之类的旧典，考虑到书中访谈对象有几位已归道山，这些昔日的访谈文字仿佛一曲阳关，权当送别，亦无不可。但我猜想洪波之意，还另有所指，因为他将这27篇访谈分成了三组。第一组大都集中在现代史领域，包括访谈对象自身的回忆或对先辈的回忆，有些访谈让我非常感兴趣，比如张福生谈"黄皮书"的出版。第二组的主题或可归纳为"文化"，许多是以比较重要的书籍为中心的，体现了《中华读书报》在书业中的专业色彩。对我的访谈也在这一组中，是因拙著《性学五章》的出版而引发的。第三组则集中在"文学"和"科学"两个领域。考虑到《中华读书报》通常被认为是一张"文科报纸"，所以涉及科学的内容相对很少，多年来，《中华读书报》上这些涉及"科学"的内容，几乎都是洪波负责的。这一组中有几篇访谈体现了洪波在这方面的工作特色。

　　最后还有件事情值得在这里说一说。二十多年来，洪波一直是国内"科学文化"方面活动中的重要人物。这不仅包括他作为专业报纸记者应该参加的常规活动，比如出席书展、书市，参加发布会，布置书评，策划访谈等等，他还是二十年前活跃在学术界和媒体上的"科学文化人"（有时也被称为"反科学文化人"）群体中重要的一员。在多次有相当影响的会议中，以及会后发表的"宣言"及报道中，洪波都发表过重要意见。回忆起当年京沪两地热火朝天的文化活动，以及洪波在这些活动中"谦谦君子，温润如玉"的身影，仿佛就像是昨天的事情，真让人感慨万千。

江晓原

2021年8月16日

于上海交通大学科学史与科学文化研究院

序二

今年夏天，老友王洪波嘱我给他的《书影三叠》写一篇序言，并告诉我同时邀请了我敬慕已久的江晓原先生也写一篇。洪波让我写序，主要是出于两方面的考虑：一是我和仅仅深耕专业领域的学者不同，二十多年来一直对思想学术在公共媒介的传播和讨论感兴趣，对于学术界和出版界的联系，以及作为这两者重要联系纽带的书媒的发展趋势和未来命运有一些思考；二是我和他相识二十多年，中间有七年多时间一起编辑《中华读书报》的"书评周刊"，既有老友的相知之深，又有同事的情谊之笃。为人作序本已大大逾越自己的身份地位，何况"更有江序在前头"！不过洪波说的两点理由确实在情在理，我不能不答应。洪波同意我结合读这本书稿的感想，谈谈自己的一些想法，借机和读者进行交流，也是我所乐意的。

《中华读书报》创办于 1994 年，在读书类报刊里晚于《博览群书》杂志和《文汇读书周报》几乎十年之久，但她刚一出世，即以对人文学术潮流的敏锐捕捉和鲜明犀利的思想观点迅速地抓住了读者的注意力。我现在还记得《中华读书报》早期发表的一些学术文化报道的大致内容，如从生态环境保护角度对中学语文课本若干选文的再审视，和中华读书网同步刊登百位学者谈"长江《读书》奖"，对一本粗制滥造的中国人口史料汇编的严厉批评，等等，都在学术文化界掀起了一阵阵旋风。《中华读书报》善于抓住学术文化界普遍关注的问题，有些甚至是涉及重要人物的敏感性话题，给予富有时代气息的深度报道和分析。她以这样的风格反映潮流、引领潮流，在 20 世纪 90 年代中后期脱颖而出，奠定了其读书界大报的江湖地位。她始终将注重思想性、人文性和趣味性作为核心追求，无论是学术文化报道，还是选书评书，都遵循的是这一个原则，这是她将近三十年赢得读者口碑的关键所在。洪波在报纸创办三四年之际来报社工作，二十多年来从未离开岗位，他受报社的这一优良传统浸染最深，在日常的采编实践中对报社的精神传统自觉地加以维护并奉行不渝。他平时为人谦和，不喜高调鼓吹，实则怀抱某种办报理想，为此默默地做了很多切实推进的工作，但回顾过往时，他又常常表示实际所做的距离心中的理想还很远很远。作为多年的朋友和曾经的同事，我相信他的谦虚都是由衷之言，确实有很多我们期望达到的目标没有实现，但是有无理想信念，其意义和结果是绝然不同的。这本书所收录的访谈录，表面上看只是受访者在侃侃而谈，实则其背后访谈者的引导也在潜移默化地发生作用，《中华读书报》的文化品味和精神追求都在这本书的对话中显露无遗。

思想性、人文性和趣味性是理解洪波的这本人文学术访谈集的一条基本线索。过去朋友们闲谈，常说《中华读书报》是一家"背靠出版界，面向学术界"的"书媒"。这意味着，报纸对于学术文化潮流的捕捉通常要借助于某一本 / 套引起学术界广泛关注的书的出版作为契机。但是，洪波和读书报的朋友们又都明白，对重要新书的报道不能停留在简单的内容介绍和亮点展示，更不能以出版社外宣部门的延伸自我定位，重要的是经由对这些重要著作的出版访谈报道，开掘出其背后的学术文化思潮的涌动。读者可以从这本书里看到，洪波对访谈对象的选择是慎之又慎的，对于访谈的前期准备是扎实而充分的，对于访谈对象的提问是深刻甚至尖锐的。他的访谈风格，常常让我想起曾获"金话筒奖"的央视"面对面"节目主持人王志，他们都是带着公众的疑问来提问，所提的问题不走偏锋，不哗众取宠，于成熟稳重中彰显访谈者的学养和见识。他的提问，往往能引出受访者若干潜隐的思绪，激发读者思考更多的问题。洪波并非专攻某一门学科的专家学者，但他在长期的编辑记者生涯中养成了积累知识并思考问题的习惯。他具有超越某一具体学科的宽阔视野，注重从与访谈对象的交流中发掘时代潮流的信息，以及其中蕴含的具有普遍意义的思想和方法问题。仔细阅读这本书的读者当能从这些不显山不露水的平实文字里受到启发。

　　洪波在"自序"中说："本书收录的文字是为报纸所写，自在速朽之列。"依我看，报纸文章确有很多仅具一时意义的速朽之作，但也不尽然，因为总有一些重要人物在重要历史关头上留下的痕迹是值得后人长久回味的，对于他们身处时代潮头时的见闻、感想和思绪的记述也是值得保存和回味的。理解现在必须不时地回顾"来时的路"，洪波这本书所记录的，就是最近十余年间人文学术界"来时的路"上的点滴。这本书的出版在这个高速发展的时代潮流里，也许只是一朵值得珍惜但未必抢眼的浪花，这些时代留痕将以书本的形式长久地存在读者的心间。值得留下来的终将经过大浪淘洗而留下来，这是我的期望。

时代的发展实在太快，昨天还在回忆过去那些光荣的时刻，转瞬间，今天已经面临深刻的生存危机。书媒衰落的速度之快出乎所有人的预料，到现在为止，纸媒的应对几乎都是被动的、局部的，这为他们的坚持和努力染上了一层悲壮色彩。《中华读书报》在坚持和努力，洪波也在坚持和努力。高品质的学术文化报道和学术潮流分析，永远是有读者的。如何从传统纸媒的时效性中提炼出具有长久价值的成分并转化为进一步发展的文化资本，如何以数据库的形式盘活传统老牌纸媒的历史资源来适应读书界新的需求，这些新的问题都有待于深入探讨和具体实践。

读这本书难免要想到《中华读书报》的朋友们，这是一群在书媒面临生存危机时刻仍在艰苦奋斗的朋友们。书媒何去何从，值得所有读书人一起思考。

是为序。

吕文浩
2021年11月

自序

这本小书，是我近十余年在《中华读书报》所做访谈的结集。

还是在 2020 年 3 月 24 日，国内疫情尚未完全缓解的时候，著名出版人谭徐锋先生在微信上向我约这个书稿。我自知近年来写文章很少，凑出一本集子难度不小，但是，有机会出一本书，无论如何要试一试。

却不料，从 2020 年 3 月底事情初步定下来，到 2021 年 5 月底交稿，居然迁延一年零两个月之久。原因有二：一是编集过程中，移动硬盘读不出来，送修亦没能救回，无奈，只好在网上搜索自己的文章；二是总觉得书稿拿不出手。近几年，因为工作内容的变化，以及懒散成性，很少写长一点的东西；收集到的文字，时日久远的居多；报章文章讲求新闻性，而留存价值与新闻性往往成反比……总之，有没有成书的价值呢？心底颇为怀疑。这种疑虑下，自己惯用的拖字诀就用上了。

但终于还是交稿了！

张爱玲说："报纸是有时间性的，注定了只有一天的生命，所以它并不要求什么不朽之作。"这自是尽人皆知的道理，毋庸多言。本书收录的文字是为报纸所写，自在速朽之列。但是，对自己而言，把它们辑为一集，付之梨枣，毕竟保存了一点点个人生命的印迹。人生倏忽如白驹过隙，能够留下一点点痕迹，虽注定一时而已，但亦该庆幸。另外，书中受访的先生为我所佩服敬重，他们所谈也多有令我折服之处——说起来，对于访谈录这一文体，很大程度上不在于你写得怎么样，而在于受访者所谈价值若何——就此而言，本书倘还值得印出，应归功于受访的先生们。

有朋友浏览书稿，建议每篇文章加上受访人简介，以方便读者的阅读，但我并未按此进行——如今的时代，读者如欲了解某人背景，网上一搜即得，也许没必要多此一举。书中有几位受访者已经辞世，包括席泽宗、梁培宽、沈昌文以及爱德华·O.威尔逊、德里克等先生，在此致以深深的怀念之情。犹记得第一次见到沈昌文先生是在上大学时，他到学校人文学院进行交流，谈起他那套"吃喝玩乐、谈情说爱、贪污盗窃、出卖情报、坐以待'币'"的编辑经，令我大开眼界、大为服膺。待我后来真当了编辑，他的绝妙理论亦时时念起，"虽不能至，然心乡往之"。还记得电邮采访爱德华·O.威尔逊先生，深为他对自然界的好奇心、"知识融通"之梦所折服，他把生态和环境保护的希望寄托于人与生俱来的"亲生命性"，也成为我后来思考环境问题的一个基点。读他们的书，同样会受到影响，但有过亲身接触，这种影响就会更加深刻吧。知识人是一种"理念人"！很庆幸威尔逊这样的大家曾以他们的书和言谈，帮助塑造了我的一些"理念"，让我成为今天的我。

说一下书稿的编排。全书收 27 篇文章，分为三部分，因这些访谈大多围绕书进行，或以书为引子，受访者则以人文学者居多，故取名为《书影三叠——人文学术访谈录》。文章中多有"近期""去年"等标示时间的词语，收入本书时大多一仍其旧，仅在文末标注了首发时间，以便读者索解。至于文章分类和排序，或有一点点逻辑，却也只是模糊处理，大约第一部分侧重思想性和当代性，第二部分涉及历史较多，第三部分古典文学和科学史各有几篇。作为一本书，太不聚焦，是一望而知的，但如前所述，可选范围有限，无可如何，愧甚！

深切感谢谭徐锋兄的高情厚谊，不是他，这本小书实无机会问世。感谢江晓原先生、吕文浩先生赐序。文浩兄和我在大学里就已订交，相过从近三十年，中间且曾同事多年。认识江老师则是在 1999 年他初到上海交通大学创建国内第一个科学史系时，二十多年来，经手编发他的文章有多少已难计数，且共襄科学文化事业，结下了深厚战斗友谊。两位老朋友赐序，不仅为本书增色，于我亦具纪念意义，是我特别感到欣慰的。受访的先生们接受访谈、审订稿件，其中有一些是笔答，付出很多，谨致谢忱。还要感谢《中华读书报》的领导和同事，多年的共事中，我从他们那里领受诸多帮助和教益。最后，感谢浙江古籍出版社以及况正兵先生所付出的辛劳！

王洪波

2021年5月29日

2022年5月5日改定

目　录

西方政治理论的"潜流"

——访李强教授

近年来，国内对于西方政治理论著作的译介蔚成潮流，对这些图书的热读也构成了知识界、读书界一个引人注目的现象。最近译林出版社推出由北京大学教授李强主编的"西方政治思想译丛"首批图书8种，受到学界和读者追捧。

问：您在"西方政治思想译丛"序言中说，组织翻译这套书是为了弥补国内政治理论翻译中的某种缺憾，您说的缺憾具体是指什么？

李强：改革开放以来，国内出版界译介西方政治理论著作蔚然成风，而在其中占到最大比例的，则是当代人的作品，像罗尔斯、诺齐克等大名鼎鼎的学者，以及一些不知名的学者的著作，都被介绍到了中国。但对政治思想史的翻译则显得相对不足。产生这种情形有其原因。第一，当代理论关注现实问题，往往有较高知名度，读者会更加认同。第二，自严复引进进化论以来，国人对"进步"的观念坚信不移，认定新学问必然代表知识进化的更高阶段，包含更高、更全面的真理。但是，这种厚今薄古、贵近贱远的倾向，往往会忽略政治理论中一些最深层的问题，往往使我们无法从历史的视角理解西方政治理论，这是我们当前政治理论翻译中一个比较大的缺憾。从历史的视角理解政治理论十分重要。一个大的文明，从文明发端时便会有一些基本的关于政治秩序的思考，这些思考构成这些文明政治理论的基本框架。在长期的社会政治变化中，政治理论的基本框架会对新出现的问题做出反应，从而在不同时期会出现新的政治理论。我们可以对政治理论在长期历史中形成的基本框架和某个新时期的政治理论作这样一个比喻：长期历史积淀而成的思想可被比作大江大河，它随时会掀起一些浪花，但浪花只是河流的表面，表面之下，才是河流的主体，我们不能只看到那些浪花，而要进入水面深处去认识这条河流。

问：那么，对于政治理论这个领域来说，何为浪花，何为潜流呢？

李强：首先谈一下我对政治理论的理解。我认为，政治理论本质上就是关于秩序的理论。人类秩序之构建，必然涉及三方面的问题。第一，认同问题，即"我是谁"的问题。像在中世纪的西方，共同体的观念占主导地位；而在现代，个人主义兴起，一方面是享有权利的个人，另一方面则是垄断了合法使用暴力权力的国家，这样，原来共同体的观念就衰落了。任何政治理论首先必须回答认同问题，即"我是谁"的问题。中国传统政治的基础是家庭观念，我是我爸爸的儿子、我女儿的父亲，而不是像当代个人主义向我们宣示的那样，我是一个独立的个体。认同问题除了涉及个体与群体的关系问题之外，还涉及宗教问题（我是一个基督教徒，还是一个伊斯兰教徒？）、民族问题、种族问题，等等。按照韦伯的观点，人对权威的服从以对权威合法性的认可为基础，而不同的合法性模式显然与认同模式密切联系。

第二，政治制度问题。政治制度是群体赖以构建秩序的制度框架，包含多重层面：一曰国家与社会的关系，对此问题的回答构成从无政府主义、自由主义到极权主义意识形态光谱的核心内涵；二曰统治权威与被统治者的关系，从亚里士多德以来形形色色的政体学说（君主制、贵族制、民主制以及混合政体等等）均以此为探讨对象；三曰政府内部之结构功能与运作，诸如行政、立法与司法诸制度之关系以及各制度之内部结构与运作。

第三，公共政策问题。其中涉及政府在具体问题上的政策原则、目标以及实施程序等。在西方，公共政策关注的核心问题是如何处理资源、财富的分配，也即"谁该得到多少"的问题。

对当代西方社会而言，他们已基本上完成了制度构建的历史使命，认同问题似乎也不构成困扰他们的主要问题，所以其政治理论研究集中在公共政策方面。对于中国来讲，和西方有一个时空的错位，认同问题依然深深地困扰着我们，我们需要在古今中西之间作出选择，需要在继承传统文化的同时吸收西方优秀的东西。同时，我们还有一个构建制度的问题，当然，这绝不是一个简单的问题。在这样一种情况下，仅仅接受西方当代政治理论的成果，靠公共政策的研究来思考中国政治问题，资源是远远不够的。

问：若欲弥补这种缺憾和偏差，西方政治理论图书的译介工作需要做怎样的调整呢？

　　李强：我觉得我们有必要更加注重历史的维度，即回到历史过程中，去探索西方现代政治的渊源及其内涵的原则。正如我们在"西方政治思想译丛"序言中所表达的："它（指'译丛'）强调将政治理论放在历史的情境中理解，考察理论由以产生的背景及试图解决的问题；它关注历史的多样性与理论的复杂性，而不试图仅仅以理性为基础抽象出亘古不变的政治原则。它在历史考察中强调理论与制度的结合，既关注一个时代政治制度的结构，又力图展示重要思想家对当时制度的理论思考，从制度与理论结合的视角探索西方现代政治的历史演化轨迹以及隐含的原则。"

　　上述想法，归结为一点，就是强调对"史"的关注。正像沃格林所说："人在社会中的存在是历史的存在；一种政治理论如果企望洞察原则的话，就必须同时是一种历史理论。"因此，译丛的目的是展示西方不同时代政治发展的轨迹，尤其展示宪政民主制度的历史发展与理论思考。

　　问：从"史"的角度思考政治，就和从纯理论、纯理性或者说纯哲学的角度思考政治有很大的不同。

　　李强：是的。哲学就其本意而言是一种"批判性思考"。"批判性"指的是不接受任何现成的——传统的、流行的、大众的——关于事物的见解，对事物进行穷根究底的探索，以揭示事物的本质属性，达致真理。一些人把政治哲学视为道德哲学的一个分支，认为人们可以通过思辨，找出政治规范的原则，这些原则是抽象的，而且往往是超越时空的。

但我对这种纯理性主义、纯思辨的政治哲学一直是敬而远之。我很怀疑，我们是否可以找到超越时空的、抽象的政治规范性原则。我深信，政治中的选择会既受到历史的影响，又受到客观现实的制约；正确的政治思考必须既考虑历史的沿革，又兼顾现实的需求。在这方面，我很欣赏亚里士多德的观点，他指出，政治最高的美德和哲学最高的追求是不一样的。哲学的最高追求是理性，而政治的最高原则是审慎。我想，其中的原因恐怕在于，政治是和使用暴力联系在一起的，或者用卡尔·斯密特的话来说，是关乎朋友与敌人的问题，其最高形式是杀人。由于政治与暴力有如此密切的联系，在思考政治问题时，仅诉诸理性是不够的，还必须运用审慎。你不能以为自己真理在握，就可以杀"该杀"的人。以理性的名义杀人，是非常可怕的。在政治中，我们要非常重视理性，但不能把理性作为唯一的标准。从事政治，必须有历史的考量，现实的考量。我们要极力避免理性的傲慢，要意识到人类认识的有限性。因此，这套译丛"史"的取向，就是希望帮助读者从历史中领悟人家是怎么走过来的，看看我们如何能够理性同时也审慎地思考我们的政治问题。

问：自 20 世纪 70 年代开始，西方学界有一个很流行的说法，认为政治哲学是当代的第一哲学。那么，政治哲学、政治学在当代西方学术中的地位是怎样的？

李强：西方从古希腊开始，就有以理性方式思考政治的传统，认为对政治的研究是最高的学问。罗马人处理政治问题的能力也很强，在制度设计方面有很高的成就。历史上，英国人恐怕是最善于搞政治的民族。政治的目标是对内保持稳定与和谐，对外维护共同体的利益。我们可以看到，数百年来，英国没有发生过大规模的、造成社会重大破坏的内战，这是很了不起的。近代以来，以科学的方法对政治进行理性思考和研究更是蔚然成风。到19世纪末，政治学已普遍成为大学里一个重要学科。在今天的美国，政治学一般是大学文科里的一个大系。人们常说，美国的政治家都是学法律出身，其实并不准确，因为美国大学本科并没有法学专业，不少政治家读本科时读的都是政治学专业。

在这种背景下，政治哲学便成为当代西方哲学的一个非常重要的分支。西方近代以来的哲学，关注宗教问题与启蒙问题，于是更多地聚焦于认识论的研究。而在当代，群己关系问题、分配正义问题是人们迫切需要面对的问题，哲学界对政治哲学的关注就越来越强烈，所以就有了政治哲学是第一哲学的说法。

问：我们迻译西方思想著作，一定有一个中国问题的意识在里面，请问您在选书过程中，是如何体现这种中国问题意识的？

李强：中国作为一个大文明，向来有海纳百川的传统，同时，我们也不可能完全不考虑自己的传统。我以前在为自己主编的一套书写序时，曾经说过一句话，认为我们"需要在超越西方社会科学现行规范与语言的基础上思考中国政治秩序的本质与结构"。"超越范式"比较好理解，为什么要"超越语言"呢？这是因为，近代以来，我们理解中国传统思想，严重依赖来自西方的概念和方法。比如胡适写《中国哲学史大纲》,就是借助西方哲学的语言和概念来理解中国思想。胡适开了风气之后,一直被后人延续。今天,不论是研究中国哲学史还是政治思想史,通常的做法都是运用西方的概念、语言来分析、概括中国的思想。譬如,我们可以写孟子的民主思想,写孔子的人权观念,等等。这种用西方现代社会科学的语言来书写中国思想的做法有很大的问题。它使我们无法看清古代中国构建秩序的结构和逻辑。研究西方的政治传统,我们需要搞清其历史,要明白西方的哪些政治制度是针对一时一地的特殊情况而构建的,与现代性没有关系,哪些是普遍性的。而研究中国的政治传统,我们也需要弄清中国古代的政治建构哪些与西方的政治建构功能上是趋同的,结构上是相似的,或者结构、功能都不同,但我们做得更漂亮的。这些问题,都需要认真分析。

　　近年来,学术界有所谓普遍主义和特殊主义之争。在我看来,大家争论的恐怕是一个伪问题。柏拉图早已指出,最高的知识其实是无法获致的,也就是说真正普遍主义的价值是无法用一套语言表述的,也无法归结为某种文化所展示的原则。所有的大文明、大文化都包含着普遍主义的价值,也都有普遍主义的追求;同时,所有历史的抑或现存的文明都无法穷尽普遍主义的价值。只要人类不灭亡,人类对普遍主义价值的追求与探索就不会终止。

　　如果这样来理解问题的话,我觉得在中国批判普遍主义应慎重。中国历史几千年,从儒学到马克思主义,都是追求普遍主义价值的,儒学与马克思主义从来没有把自己定位为一时一地的权宜性的理论。

问：记得我自己上大学时，一般喜欢读书的人更多在读文史哲方面的书，而近年来，政经法的书受到了更多的追捧，像政治思想方面的书，译介的规模是前所未有的，而且据说销售状况也不错。这是否反映了当下社会思潮的一种转移呢？

李强：你说得对。确实，当下中国人对政治的根本问题有很多思考，无论认同或者制度的问题，还是公平正义的问题，都是人们非常关心的。所以，读者才会不避艰深，阅读译自西方的这些政治理论著作，希望从中汲取智慧，得到启发。当然，这种潮流不是今天才出现的，也不是20世纪八九十年代才有的，实际上，百余年来，中国人一直在追寻。

中国文化是一个大文化，历史上，它一直有自己的精神追求。你看一千多年前，佛教传入中国，佛学如此深奥，翻译如此困难，但还是有那么多人孜孜不倦地投身其中。经过数百年时间，佛教才融入了中国文化，并且经过创新改造，出现了禅宗这样伟大的学问，并且反哺中国的传统文化，影响了宋明理学和陆王心学。国人对西学的兴趣，一方面源于现实的需求，一方面源于中国文化精神追求的传统。所以，我从不担心我们翻译介绍的一些理论图书在中国会没有读者。

问：你谈了不少这套丛书的理想与旨趣，这些理想与旨趣如何在图书选择中得到体现呢？换句话说，这套丛书在选择书目时会有哪些重点？

李强：我们在出版了第一批书后，丛书的编委会开了一个会议。根据国内近几十年翻译的情况以及我们自己的理念，我们决定这套丛书主要选择翻译三方面的著作。第一，西方政治理论方面尚未译为中文的重要经典著作。譬如，我们已经把罗马时期著名史学家，同时也是混合政体理论的主要阐释者波利比乌斯的著作列入翻译计划。第二，有历史感的当代著作，即当代人在研究西方政治理论与实践的历史方面重要的、有学术洞察力的著作。考虑到我国目前面临艰巨的现代国家制度构建与改革的历史任务，我们在最近几年内会尤其关注研究西方中世纪晚期、近代早期政治理论与实践的著作，关注西方在构建现代国家、现代法律制度这个时期的一些重要实践与理论探索。我们希望从比较宽泛的意义上理解政治问题，即不局限于今天大学政治学专业所理解的狭窄的政治领域，而将关注的视角伸向社会、政治、法律方面，从广阔的视角理解西方在国家构建时期的政治实践与思考。第三，我们也会选择一些当代重要的、具有理论启迪的著作进行翻译，争取做到历史性著作与当代著作保持一定平衡。

（2011年8月17日）

杜威归来

——访刘放桐教授

2009 年初，为纪念美国哲学家约翰·杜威诞辰 150 周年及其中国行 90 周年，北京大学出版社出版"实用主义研究丛书"，包括《杜威与美国民主》《阅读杜威——为后现代做的阐释》等 8 种图书，孙有中、彭国翔、安乐哲为该丛书撰写的总序有一个惹人注目的标题：杜威归来。

2009 年 10 月华东师范大学出版社开始推出《杜威全集》，似乎可视为"杜威归来"这一说法最有力的注脚。该全集由设在南伊利诺伊大学的美国杜威研究中心组织全美研究杜威最著名的专家，经 30 年（1961—1991）的努力编辑而成，乔·安·博伊斯顿（Jo Ann Boydston）任主编。全集分早、中、晚三期，共 37 卷，加上 1 卷索引，共 38 卷，一千余万字。虽然今天国内出版界对国外思想家著作的译介是如此不遗余力，但这样规模的中译版全集仍然是不多见的。

杜威"初来"中国要追溯到新文化运动时期，那时他受到国人热烈欢迎；20 世纪 30 年代以后他在中国逐渐"淡出"，并一度销声匿迹；20 世纪 70 年代末以来的 30 余年间，是杜威重回中国的一个过程，而《杜威全集》中文版的出版无疑是杜威与中国关系史上新的里程碑。

为什么新文化运动时期杜威会受到国人追捧？他的"归来"

又意味着什么？记者采访了复旦大学哲学学院教授、复旦大学杜威与美国哲学研究中心主任、《杜威全集》中文版主编刘放桐先生。

问：1919年，杜威访问日本，后来在他的中国学生胡适、蒋梦麟、陶行知等人的邀请下，"顺道"访问中国，原计划逗留两个月，最终却延长到两年零两个月，原因是什么？

刘放桐：杜威是在新文化运动的高潮时期来到中国的。他抵达上海是在1919年4月30日，几天之后，"五四运动"就爆发了。作为一个毕生以倡导民主和科学为己任的哲学家，杜威对当时中国的新文化运动抱着满腔热情，而中国知识界对其学说表现出浓厚兴趣也让他深受鼓舞，所以当他的中国学生希望他能在中国多待一些日子时，他很乐意，并向哥伦比亚大学请假一年，后来又续假一年，直到1921年7月11日才踏上归途。杜威的女儿1920年在杜威夫妇当时的书信集的序言中谈到："为争取统一、独立和民主而发动的热烈的奋斗，正在中国展开；这一奋斗，迷住了他们，使他们改变了回国的计划。"

问：请谈谈杜威在中国访问的大致情形。

刘放桐：在华的两年多时间里，杜威到过中国的10余个省份，就哲学、教育、社会、政治、伦理、逻辑、心理等各方面的问题做过上百次讲演，与中国学界有过广泛交流。除了胡适、蒋梦麟等人不时陪同外，孙中山曾专门就中国革命问题与杜威进行过交谈，陈独秀曾参与接待（杜威在广州的演讲就由陈独秀担任主持人），青年毛泽东也对杜威思想表示过赞赏。当时国内报刊大量发表有关他的报道，刊载他的演讲稿，直接促成了民众中的杜威热。杜威在北京大学做的系列演讲被结集成书（即著名的《五大讲演》），他在华期间既已行销 10 余万册，毛泽东创建的新民学会的书店里就曾销售过这本书。可以说，当时杜威对中国的政治家、知识界，以及青年学子和普通民众都有影响。

问：胡适在杜威起程回国时写的《杜威先生与中国》一文中说："自从中国与西方文化接触以来，没有一个外国学者在中国思想界的影响有杜威先生这样大的。"这一说法是否过于夸大了？

刘放桐：作为杜威的学生和信徒，胡适所做评价可能偏高，但在当时，除了马克思以外，也许的确没有其他现代西方思想家在中国的影响可以与杜威相比。现代西方哲学传入中国大体上始于 19 世纪末 20 世纪初，新文化运动时期达到高潮。那也是中国现代历史上少有的百家争鸣的时期，尼采、叔本华、柏格森的著作都先后被介绍到中国，罗素受邀来华讲学，德国生命哲学的代表人物之一杜里舒代替柏格森访问中国，都很受欢迎，但是，从影响所及的范围和深度来看，他们都比不上杜威。

其实杜威的口才并不很好，文笔也不怎么出众，但是，他在演讲和著述中极力倡导的科学和民主的精神，与新文化运动时期中国进步知识分子的追求是高度一致的，这恐怕是他备受欢迎的最重要原因。他的讲演不局限于纯哲学的思辨而是特别关注现实问题，更多地谈及教育、社会、伦理问题，强调改造旧社会、改变旧文化，这更能激起听众兴趣。另外，中国传统文化强调经世致用，注重解决现实问题，杜威的实用主义与此也是契合的。总的来说，当时中国知识分子并不只是把杜威当作一个实用主义哲学家，而是同时将他看作一个倡导民主与科学的启蒙思想家。

问：杜威对中国社会实际的影响体现在哪些方面？

刘放桐：最大的方面恐怕是教育，像陶行知、蒋梦麟、张伯苓等教育家都曾深受他的影响。作为杜威的学生，陶行知提出"生活即教育""社会即学校""教学做合一"等三大主张，都可以辨识出杜威教育思想的影子，他创办的晓庄学校堪称杜威 1896 年在芝加哥大学创办的实验学校的翻版。

问：胡适在《杜威先生与中国》一文中还写道："我们还可以说，在最近的将来几十年中，也未必有别个西洋学者在中国的影响可以比杜威先生还大的。"显然，胡适的期望落空了。

刘放桐：实用主义本身有它的弱点。它能够与中国传统文化相适应，与中国社会的现实需要相契合，但却不能为中国革命指出一个明确的方向，在革命呼声日益高涨的年代，它被抛弃并不奇怪。

早在 1919 年"问题与主义"的论战中，中国的实用主义者和马克思主义者之间的分歧就有所暴露，不过由于双方在倡导民主和科学精神以及反帝反封建上有一致之处，他们仍然处于统一战线内，矛盾没有激化。在论战中，李大钊既批评了胡适的片面性，又指出自己的观点有的和胡适"完全相同"，有的

"稍有差异"。而当政治形势发生剧变，这种统一战线必然瓦解，本来居于次要地位的内部论战必然转化为居于主导地位的外部斗争。1921 年，几乎与杜威离开中国同时，中国共产党成立，越来越多的知识分子开始追随马克思主义，而疏远了实用主义。1927 年大革命失败后，国共走向对立，知识界的统一战线也随之破裂。在国民党统治的区域内，虽然赞成杜威思想的还大有人在，但由于当局倡导的不是民主和科学精神，对实用主义等西方思潮的研究往往被利用来反对马克思主义，杜威思想实际上也就很难再发挥积极作用。而在中国共产党控制的范围内，杜威的实用主义则受到越来越严厉的批判。20 世纪 30 年代初，瞿秋白就已把实用主义批为帝国主义哲学，不过他还承认在五四时期，实用主义能"用它的积极方面来满足"当时的需要。20 世纪 30 年代后期，由于杜威否定由斯大林领导的托洛茨基案的审判，杜威在苏联立即由"进步人士"变成"苏联人民的凶恶敌人""帝国主义反动资产阶级的辩护士"。这种评价立即为各国马克思主义者所跟随，杜威哲学从此也被中国马克思主义者全盘否定了。

　　问：20 世纪 70 年代末以来，包括实用主义在内的现代西方哲学研究得到了恢复和发展，杜威思想研究也步入正轨，他的重要论著都已相继出版。在这种情况下，我们为什么还要投入如此大的人力和财力翻译其全集呢？

　　刘放桐：翻译出版《杜威全集》是我提出的，我的诸多考虑在全集序言中已有详述，这里就不一一重复了。我特别想说的是，杜威的著述代表的不仅是他个人的思想，也是美国两百年来的思想。实用主义当然不是美国唯一的哲学，但它却是美国最有代表性的哲学。实用主义产生以前的许多美国思想家（特别是富兰克林、杰斐逊等启蒙思想家）的思想，大多已具有实用主义的某些特征。实用主义产生以后，传入美国的欧洲各国哲学虽然能在美国哲学界占有一席之地，其中分析哲学在较长时期甚至能在哲学讲坛上占有支配地位，但是，它们几乎毫无例外地迟早被实用主义同化，成为整个实用主义运动的组成部分。当代美国实用主义者莫利斯说：逻辑经验主义、英国语言分析哲学、现象学、存在主义同实用主义"在性质上是协同一致的"，它们"每一种所强调的，实际上是实用主义运动作为一个整体范围之内的中心问题之一"。桑塔亚那等一些美国思想家甚至说，美国人不管其口头上拥护的是什么样的哲学，骨子里都是实用主义者。只有实用主义，才是美国建国以来长期形成的一种民族精神的象征。因此，要研究美国，不研究实用主义哲学是不行的。

另外，杜威不仅仅是一个哲学家，他的思想活动已扩及人文社会科学的各个门类，他在教育学、伦理学、心理学、美学、宗教学等领域的论述不单数量多，影响也大。即使他最重要的哲学著作《经验与自然》，除了第一、二章为纯哲学论述外，大量篇幅还是对艺术、道德等思想文化问题的阐述。这也正是美国哲学家的一个特点，他们很少提出思辨性的哲学，而重在解决现实问题。所以我认为，《杜威全集》的出版是有利于促进对各门社会人文学科的研究的，它的读者也不会仅仅限于哲学界。

问：人们平常使用实用主义一词，一般暗含贬义，这种对实用主义的理解合理吗？

刘放桐：中国哲学界过去往往把詹姆士"真理就是有用""有用就是真理"的说法当作整个实用主义的真理论，而且认为这种理论体现了资产阶级的贪得无厌、唯利是图、损人利己等极端个人主义的世界观，实用主义也由此被认为是一种市侩哲学。这种批评并非毫无根据。但是，如果具体地分析杜威的理论，就会发现情况并非完全如此。杜威在《哲学的改造》中曾针对这种批评说了一段话："当真理被看作是一种满足时，常被误认为是情绪的满足、私人的安适、纯个人需要的供应。……这个满足包含公众的和客观的条件。它不为乍起的念头或个人的嗜好所左右。又当真理被理解作效用的时候，它常被认为对于纯个人目的的一种效用，或特殊的个人所着意的一种利益。……其实，所谓真理即效用，就是把思想或学说认为可行的拿来贡献于经验的改造那种效用。道路的用处不以便利山贼劫掠的程度来测定。它的用处决定于它是否实际尽了道路的功能，是否做了公众运输和交通的便利而有效的手段。观念或假设的效用所以成为那观念或假设所含真理的尺度也是如此。"杜威认为，作为真理的观念不是主观随意的，而必须满足"公众的和客观的条件"。在这里，真理的标准是实践是一清二楚的，可以说，杜威与马克思在真理观上并无根本性的冲突。

我们也曾激烈地批判杜威的个人主义，但实际上，我们所批判的自私自利意义上的个人主义也是杜威坚决谴责的。他倡导的是一种"新个人主义"，提倡充分发挥每个人的潜能，以服务于社会。他强调，私利必须服从公益，并认为资本主义社会做不到这一点，所以需要改造社会，培养一代新人。他还提出"伟大共同体"的思想。他的主张使他被西方思想界视为"左派"（杜威说自己是民主社会主义者）。因此，我们以前把他描绘为资产阶级反动哲学家、市侩哲学家显然不符合实际。

问：杜威的著作以前有不少已翻译为中文，那么《杜威全集》中有多大比例是新译的？这样大的翻译工程，如何保证译文质量？

刘放桐：杜威最重要的专著大多已译成中文，比如《经验与自然》《确定性的追求：关于知行关系的研究》《哲学之改造》等等。但是，在杜威的写作中，专著只是一部分，单篇的文章（包括论文、书评、杂录、教学大纲等）占的比例更大，而这些文字，99%都未曾译成中文。

《杜威全集》的中译是一项极其庞大和困难的任务，除了复旦大学杜威与美国哲学研究中心倾力投入这一工作之外，我们还争取到中国社会科学院哲学研究所、北京大学、清华大学、中国人民大学、北京师范大学、南京大学、浙江大学、华东师范大学等兄弟单位诸多专家的参与。为了确保译文质量，特别是不出明显的差错，我们一般要求每一卷都由两人以上参与，互校译文；译稿完成后，复旦大学杜威与美国哲学研究中心和华东师范大学组织多轮审校。对于已有中译的著作，有的会在旧译的基础上重校后收入全集（如童世骏教授负责的《确定性的追求》就计划采用傅统先先生的译文），有的则会重新翻译（如俞吾金教授负责的《民主与教育》一书）。总之，我们希望呈现给大家的《杜威全集》是一个值得信赖的版本。

（2010年12月8日）

阅读伯林的十年

——访刘东教授

"如果说 20 世纪 80 年代国内学界对西方思想家的译介、阅读和研究的重心是马克斯·韦伯，那么近十余年，重心则是以赛亚·伯林。自 2001 年伯林著作的第一个中文译本问世以来，十年间，国内翻译出版伯林的著作有十本之多，数量超过了其他任何西方思想家。可以说，新世纪以来的十年是中国思想界阅读伯林的十年。"在前不久清华大学国学研究院主办的"以赛亚·伯林与当代中国"国际学术研讨会上，陈来教授这样告诉记者。

事实上，十年来，伯林著作不仅是学术界研读的热点，在普通读者中也广为流传。《俄国思想家》《浪漫主义的根源》《苏联的心灵》出版当年都曾入选媒体评选的年度书榜，他的《自由论》更是被众多思想青年挂在口边。伯林著作皆由译林出版社收入该社品牌丛书"人文与社会译丛"，与译丛中其他名家名作相比，伯林著作的销量明显更胜一筹，甚至是遥遥领先。

而提到伯林著作的中译，就不能不提现为清华大学国学院副院长的刘东教授。作为"人文与社会译丛"主编，这套丛书的选目主要是由他圈定的。记者就伯林在中国的接受史采访了刘东教授。

问：如果说《俄国思想家》的出版正式开启了伯林在中国的传播史，之前的阶段就属于"前史"。能否就您的了解谈谈"前史"阶段，中国学界对伯林的介绍和认识？

刘东：回顾起来，我们大概都是在 20 世纪 80 年代后期，借助于陈晓林先生翻译的《自由四讲》，而率先接触到了以赛亚·伯林的思想，并且从中受到了相当的震动，当然也产生了相应的眩晕。正因为这样，在我为创办"人文与社会译丛"而开列的书单上，也是一上来就写上了这本书，而只是等出版社联系到版权以后，才知道它已被扩充为"自由五讲"了，这也就是后来通行的所谓《自由论》（*Liberty*）。不过，由于有这样的阅读经验，我到现在都不习惯《自由论》的说法，因为在我的个人印象中，只有穆勒的那本 *On Liberty*，才更对应于这个标题，尽管以前严复曾把它译成了《群己权界论》。

问：伯林的著作全部收入您主编的"人文与社会译丛"，而且在已出近 90 种图书的这套大型丛书中占了十分之一强的比例，请问在《俄国思想家》列入译丛出版计划时，您会想到会出版这么多伯林的书吗？

刘东：这是一个很有眼力的问题！通常而言，这套丛书的备选书目，起初都是由我本人确定的，后来则是我跟彭刚一起选择的，出版社对此并不怎么特别操心，充其量会反映哪本书难以接受。可是，唯独轮到伯林的著作，可以算是此中的例外，因为自从推出了伯林的《俄国思想家》《自由论》《反潮流》《现实感》这几本之后，出版社那边就显出了高度的主动性，几乎有一本算一本，把他的书全都给搜罗尽了。实际上，对于这样的做法，我一开始还有些保留，因为按照我的初衷，跟一些尚未启动的重要工作相比，并不是每一本伯林的著作，都值得把它翻译出来，至少是不必这么赶着译出来，否则就会造成阅读面的偏重。而我主持这套书的基本原则，却是为了保持心智的开放和平衡，而精选各家各派的代表作品。

问：学者钱永祥发表在《读书》杂志1999年4月号上、并曾获"长江《读书》奖"文章奖的《"我总是活在表层上"》对伯林的解读产生了很大影响。该文在肯定伯林的价值的同时，也指出伯林主张的自由主义"没有从社会基本制度着眼""作为政治理论而无法发展出任何有制度涵义的政治原则"，因而是不完整的、简陋的、失败的，并引伯林自己的话说他不够深刻。您怎么看钱永祥的评论？

刘东：我们这次的"以赛亚·伯林与当代中国"国际学术研讨会也邀请了钱永祥教授，他在会后还以公开信的形式，一再赞扬会议所达到的、罕见的学术水准。你由此可以想象，既然是高水准的学术会议，当然不会去打哈哈和走过场。我本人即使身为会议的组织者，仍然投入到各种论辩之中。——比如无巧不巧，我正好就借机向永祥兄提出，当伯林那句"总是生活在表层上"的自述被译成中文之后，其表面上那层所谓"浅薄"的涵义，就不幸而遭到了真正浅薄的理解，而在这方面最能造成普遍误解的，就要数永祥兄自己那篇流传甚广的文章。不过，鉴于这方面的论证比较麻烦，这里仅限于先念一段自己当时的讲演，让读者们对此稍微有些印象。大家若要了解相关的复杂论证和结论，还要等译林出版社把会议论文集给印行出来：

> 真正吊诡的是：如果伯林的这副头脑，真是一本浅薄的字典，那它也就根本容不下"浅薄"一词，更不要说再拿这字眼来为自己冠名了！由此也就暴露出来，那些"将浅就浅"的解释与评论，是完全失察于此种说法的内力紧张度。可在我看来，伯林不止一次的这类自责，原本就表明了一种苦痛与深度，那深度来自范围广远的比较思维，既包括对于伯林在现实中所认同的那些正陷于灾难性冲突的人群之命运的比较，也包括对于伯林在书房中研读的那些伟大思想家之襟抱的比较。——缘此我们才可以理解，正是这种对于学院生活的不满，而不是对于世俗意义之成功的自得，才反映出伯林内心对于挺身承当的向往；并且，也正是这种对于大风大浪的渴望，才使他突出地意识到20世纪知识阶层的通病，而不满自己竟也萎靡于这种一蹶不振之中。

问：自从罗尔斯的《正义论》发表以来，罗尔斯作为当代政治哲学之"轴心"似已成为"不刊之论"。所以有人说，从道德哲学来说，罗尔斯"杀死"了海尔（R. M. Hare）；就政治哲学而言，罗尔斯"杀死"了伯林。是否西方学界已抛弃了伯林？伯林的政治哲学对中国学界还有意义吗？

刘东：我在总结这次会议的时候，正好从侧面谈到了这个问题。——为什么我的出版商能够几乎是自动地，把所有的伯林著作全都翻译过来？那是因为中国的读者用他们的钱袋投了票。而进一步说，为什么中国的读者和学者，会对伯林有着特殊的兴趣，那就要归功于他们阅读伯林的方式了。我们所邀请的西方同事，几乎刚下飞机就问我：为什么你们还对伯林这么感兴趣？我当然可以理解他为什么要这样问，因为罗尔斯简直就是"我花开后百花杀"，把他之前的自由主义者给格式化了，好像对于专业的政治哲学家来说，读不读伯林都已经无所谓了。然而，中国的读者阅读伯林，却首先不是把他当成一个政治哲学家，而是一位跨文化的思想史家——至少在我们已经或将要翻译的 12 本书中，有 11 本书带来的是这样的信息。也许西方同行会把这些书，当成他写另外一本书的铺垫和脚注，但对于中国同行来说，这些书本身却有它们独立的价值。实际上，这种在阅读态度上的分歧，也牵连到我们在那三天研讨会期间所讨论的、存在于伯林那里的深刻矛盾——究竟是自由主义还是价值多元主义？如果仅仅把他理解为一位自由主义者，那么他就会是一位西方历史中的思想家，不仅已经被历史所超越，而且就连超越了他的人，也还继续在等待着很快就被超越。如果只是这样，那么中国学者怎么办？我们就只有一边不断地复习罗尔斯，一边等待西方涌现新的思想英雄。但如果把他理解为一位价值多元主义者和一位跨文化研究家，那就给了我们一种平等讨论的平台，和一种真正的思想主动性。

　　问：伯林对俄罗斯和苏联的思想家和文化人有很多的论述，

而中国读者与俄苏文化渊源很深，这是否也是伯林在中国读者中受到特别欢迎的原因？

刘东：这当然也是其中的重要原因，其实我去年为你们《中华读书报》写那篇年终特稿《苦痛生珠》时，已经根据自己的阅读经验而讲明了此间的原因："每逢我兴冲冲地，从万圣书园买来一堆新书，把它们全都摞在沙发前，一本一本地抚摸亲近，只要其中有苏俄的图书，我就很可能会从这本看起！——恍惚间我会觉得，这既是在阅读别人的历史，也是在阅读自己的家事，当然在痛定思痛之后，虽说那感受还是苦痛，还是惊魂未定，却也掺有一丝庆幸，为了自己劫后的余生。"你当然可以想象，也正是出于这个原因，我去年在贵报向读者推荐的第一本书，才会是伯林的《苏联的心灵》。

问：据出版社的消息，今年会有数种伯林的新书出版。请问伯林的著作还有多大比例未翻译成中文？有哪些作品的中译本是值得我们特别期待的？

刘东：尽管伯林的名气很大，但在他生前只出版过一本专著，而偏偏又是这本专著，到现在都还没有翻译成中文，那就是他的《卡尔·马克思》。当然，如果就专著的形式而言，还可以算上在他身后出版的《浪漫主义的根源》，这本我们倒是翻译过来了，不过严格说来也只是一部"未完成交响乐"。至于其余的伯林著作，尽管并非不重要，甚至有可能更加重要，却都是些内容内在相关的论文集。在这方面，除了已经翻译出版的这些，在译林出版社那边还有《启蒙的三个批评者》和《个人印象》两本，已经进入了实际的运作阶段，可望在近期贡献给读者们。此外，在这次会议之后，我又向译林出版社推荐了一本《伯林的未完成谈话》（*Unfinished Dialogue*，*by Sir Isaiah Berlin & Beata Polanowska-Sygulska*），和一本研究伯林的著作《伯林：自由、多元主义和自由主义》（*Isaiah Berlin：Liberty, Pluralism and Liberalism*，by George Crowder），但这还需要较长的过程，才能完成一系列的复杂操作。

（2011年5月18日）

追寻现代中国，从革命到"后革命"

——访德里克教授

德里克记不清自己来过中国多少次了，"总有二十次吧"。第一次是1983年，第二次是1989年，再以后频率越来越高。有时半年，有时两个月，也有时只是几天，开个会就回去。然而，出生于土耳其的他，自1969年以后，就再也没有踏上土耳其的土地。可以说，几十年来，他与中国的关系，要远比与土耳其的关系密切。

德里克对中国发生兴趣是在20世纪60年代中期，那时，他只有20来岁。今天，他年届古稀，头发已稀疏，两撇慈眼的八字胡也已花白，但对中国的兴趣却未有稍减。在学术生涯的早期，他以《革命与历史——中国马克思主义历史学的起源，1919—1937》《中国共产主义的起源》《中国革命中的无政府主义》等著作奠定了中国研究权威学者的地位，后来则转向全球化、后殖民等问题的研究，但他仍然念念不忘20多年前就已着手的关于1927年广州起义的书稿，"从北京回去之后，我会回到这个题目上，完成书稿"。

德里克此次到中国是受清华国学院邀请，出任"梁启超纪念讲座"的第一期主讲人，为期两个月，系列讲座的题目是"变革时期中国的文化与历史——全球现代性的视角"。"出现在以梁启超的名字命名的这个讲座上，我很荣幸，"德里克说，"这些天来，和老朋友刘东教授、陈来教授，以及他们优秀的学生们课上交流讨论，课下喝酒聊天，感觉非常享受。"

接受记者采访时，有翻译陪同，但实际上，应付这样一个聊家常式的访谈，德里克的中文绰绰有余。如果采访地点不是在清华国学院会议室，而是在酒吧、咖啡屋，略饮几杯，德里克谈兴或许会更浓。

差点参与军事政变

"我能受到比较好的教育要感谢父亲。父亲在土耳其南方的农村长大，高中没毕业就去经商，生意很成功，一跃成为中产阶级。他很重视子女的教育，我和一个妹妹、三个弟弟都被送到了私立学校读书。"德里克告诉记者。

德里克上的是在土耳其享有盛名的罗伯特学院（Robert College）。这所学校由美国人创办于 1863 年，历史悠久，名人辈出，其教学内容和方法完全是美式的。小学毕业后，德里克即进入罗伯特学院，先花两年时间学英语，接着读中学、大学，前后达 13 年之久。

上大学，德里克想学物理，但父亲不同意。那时搞物理很难赚钱养家，最好的选择是做工程师。在父亲的干预下，德里克读了电子工程专业。德里克的如意算盘是，将来到美国留学，再从工科转到理科，但没想到的是，他最后的选择是文科。"后来，我到美国后转学历史让父亲非常生气。我向他报告这个消息，他甚至没有回信。"德里克说。

实际上，去美国之前，他就对历史学感兴趣。20 世纪 60 年代是一个风云激荡的时代：资本主义阵营和社会主义阵营冷战正酣，1962 年发生了古巴危机；第三世界的解放运动风起云涌；在土耳其，1960 年发生了军事政变。这些事情是怎么回事，他想弄明白。他觉得历史能给他一些答案。

1963 年，大学三年级的德里克担任学生会会长，发起了一个研究凯末尔——土耳其共和国缔造者——的系列讲座。他们邀请军人、妇女领袖、左派、右派等各方人士到校园里发表演讲，受到欢迎，也让一些伊斯兰主义者不高兴。"我那时表现得'很进步'，以至于有人说我是共产党。"德里克说。

德里克的活跃受到了军人的注意。1963 年的一个晚上，军方人士请他到一个宫殿里开会，问他肯不肯参加政变。"我从事的是思想活动，不是政治活动。"德里克这样回答他们。

在台湾学汉语、淘旧书

1964 年，24 岁的德里克获富布莱特奖学金（Fulbright Fellowship），前往美国，入读纽约州罗切斯特大学物理系。但读了两个月，德里克发现，相对于物理学，他更想学历史，具体则是中国历史——和土耳其一样同为第三世界国家的中国革命成功，他想了解，这场革命是什么性质的。

于是，德里克跑到历史系，找到了研究日本史的著名学者 Harry D. Harootunian 教授。Harootunian 听了德里克的自我介绍后说："学物理的学生都很聪明，如果物理系可以接受你，我们大概也可以。"

研究中国历史，首先要学汉语——这可让德里克吃尽了苦头。那时，罗切斯特大学没有教汉语的老师，也没有研究中国历史的专家。德里克只能先学日本历史、俄国历史等等。

后来，在老师的帮助下，德里克前往加州大学伯克利分校东亚语言系学习。伯克利是美国汉学的重镇之一，在这里的两年时间里，德里克学习现代汉语、古代汉语，也听了何炳棣、魏特夫等著名学者关于中国历史的讲座。

1969—1970年，德里克前往中国台湾，继续学习汉语。台湾大学斯坦福中心为美国研究生创造了极好的条件，一个老师带一个学生，一天十个小时学习语言，读的材料越来越难，"比如章太炎的作品，很难懂"。

在台湾的另一大收获是收集旧书刊。人们在大街上卖自己二三十年代买的图书杂志，德里克淘到了对自己后来写博士论文非常有用的《读书杂志》。德里克跑去拜访陶希圣，并买齐了陶希圣发表于二三十年代的著作，"都是几十年前的原始版本，在大街上找到的"。

"那时候台湾地区非常有意思。电影院正片上映之前，大家要站起来唱三民主义的歌，要看讲述蒋介石如何辛勤工作的纪录片。另一方面，在大街上，关于中国大陆、马克思主义的书并不难买到。"德里克说。

"60年代的经验"

德里克自称属于"60年代的一代人"。1964年他到美国时，适逢越战升级，随后，美国爆发了大规模的反战运动。60年代也是美国黑人解放运动的高潮年代，马丁·路德·金领导的民权运动正如火如荼。这些运动，德里克或多或少参加了。同时，他也把目光投向第三世界国家的解放运动，以及中国的"文化大革命"。

1966年"文化大革命"开始时，德里克正在伯克利。当时，东亚语言系的汉学家很少就"文化大革命"发言，而历史系、政治系、社会系的师生对"文化大革命"却特别关心。老师们看法并不一样，常常吵得不可开交。"有一位 Chalmers Johnson 教授对'文化大革命'的评价是：'没有别的解释，中国人发狂了！'而另一位 Franz Schurmann 教授则支持'文化大革命'，他甚至跑到香港去买《毛主席语录》，问那里中国公司里的工人们能否准许他参加自我批评活动。这两位教授经常有冲突。而我们这些研究中国的研究生多半是支持'文化大革命'和毛泽东的。"德里克说，"他们两人都是伟大的学者。直到去年去世，Schurmann 一直都是一位激进的学者。而 Johnson 在后来的岁月里成了一名强有力的美国对外政策的批评家，他最近刚刚去世。"

在这种对中国政治进程的持续关注以及不断争论中，德里克逐渐形成了对中国问题的个人看法。"我和一批年轻学者认为，像费正清等老一代汉学家对中国近现代历史的看法是不能接受的，我们应该选择新的路线。1975年，我们创办《近代中国》杂志，作为自己的阵地。"德里克说。

1971年，德里克尚未完成博士论文，就到了杜克大学任教。在年轻一代学生身上，20世纪60年代的影响依然清晰可见。他的一些很聪明也很有社会关怀的学生在"文化大革命"的影响下，服膺于毛泽东思想。这些学生决心反对美国的种族主义，他们花费大量精力和种族主义组织 3K 党做斗争。这一斗争在 1978年 11 月的对抗中达到高潮，其间和德里克非常亲近的几个学生被 3K 党徒杀害。这件事给了德里克极大打击。"这件事强化了我对教条主义的怀疑，让我明白，不能没有分寸、不计后果地绝对忠诚于一种意识形态。"德里克说。

不管怎样，"60 年代的经验"对德里克有深远的影响。他那种左派的立场、理想主义气质、批判质疑的态度，不能不说是 60 年代的馈赠。

第一个把全球化概念介绍到中国的学者

1983 年，距离他开始研究中国已将近 20 年，距离他的成名作《革命与历史》发表也已有 5 年，德里克第一次来到中国，近距离地观察这个国家。"那时的中国还很穷。老百姓很少有肉吃，但还是给我们很多好吃的，肉呀什么的，很热情地招待我们。"德里克回忆说。他对当时中国单位体制下的死板管理也印象深刻，"我们住在南京大学专家楼，如果晚上回去太晚，就只有爬墙进去了"。德里克在演讲中谈他对马克思主义的理解，南大老师给的评语是"不正统""修正主义"，但一些学生很感兴趣，晚上跑来和他切磋马克思主义。

德里克第三次来中国是在 1993 年。受俞可平的邀请，他在中央编译局做了题为《全球化与世界体系分析》的演讲。"80年代已经有人讨论全球化问题。但我 1993 年演讲时提到这个名词，在场的学者还是第一次听说，对 Globalization 怎么翻译还有一番讨论。后来人们说，德里克是第一个把全球化概念介绍到中国的学者。"德里克说。

进入 20 世纪 90 年代以后，德里克从中国革命史的研究转向了全球化、后殖民等问题的研究，出版了《革命之后：警觉全球资本主义》《后殖民氛围：全球资本主义时代的第三世界批评》等著作。由于这些撰述，德里克被认为是对"后学"的崛起以及各种与"后学"相关的术语进入学术话语体系立下汗马功劳的人。特别是，作为左派史学家，他提出"后革命"和"后社会主义"两个术语，在国际和中国学界都产生了重大影响。

在后现代问题上，他与自己在杜克大学的同事、后现代主义权威理论家詹姆逊观点颇有不同；在后殖民问题上，他与霍米·巴巴等学者的看法也多有分歧。这种不同和分歧很大程度上是因为他关注和研究第三世界——其中主要是中国——的独特背景。即使是后学研究、文化批评，他也常常以他对中国历史与现实的精深研究作为立论的主要根据。"我首先是一个研究中国的学者。"德里克说。

"历史学不是反革命的"

问：讲讲您的成名作《革命与历史——中国马克思主义历史学的起源，1919-1937》的写作吧。

德里克：那是我的博士论文，最初本是一项关于陶希圣的研究。从 1969 年开始写，1971 年到杜克大学任教之后继续写，1973 年完成，1978 年加州大学出版社出版。

问：写《革命与历史》时，中美还处于隔绝状态，您是怎么收集到那些文献的？

德里克：那时，美国国会图书馆、哈佛大学图书馆、伯克利分校图书馆等处都藏有比较丰富的中文资料。不过，收藏中国革命和马克思主义的文献最多的还是斯坦福大学的胡佛图书馆，因为他们那里右派聚集，收集了一切有关革命的材料进行研究。另外1969年的台湾之行对我收集资料也很有帮助。写作《革命与历史》时，我一边学习中国历史，一边学习马克思主义理论。所以我说，我的马克思主义是"自学"的。

问：《革命与历史》指出，20世纪二三十年代中国的革命形势深刻影响了马克思主义史学的发展，您这一观点已被学界普遍接受。

德里克：1927年大革命失败，革命者迫切想要了解革命失败的原因，这就不但需要研究中国社会的现实，而且需要了解中国社会的历史。正是在这一背景下，共产党、托派、国民党以及苏联专家中都有人投入对中国历史的研究和解释，他们希望发现历史发展的秘密，从而制定科学的革命观，终极目的还是中国革命的胜利。所以，我在书里说："唯物史观在这时的中国知识分子中之所以富于感召力，并不是因为它在史学方法上的优点，而是因为它与革命性变革这个在20年代逐渐被认知的问题的关联性。"作为一个对照，我发现土耳其1965—1969年的革命浪潮被压制了以后，也曾有一场史学运动。

问：那么，您认为20世纪二三十年代的史学多大程度上被革命诉求扭曲了，又有多大实质性的学术贡献？

德里克：《革命与历史》里有两个人非常重要，一个是陶希圣，一个是郭沫若。他们都是很聪明的人，陶希圣对中国法律制度、家庭制度、宗法制度有深刻了解，郭沫若对甲骨文、金文等先秦文献很有研究。因为我对中国古代历史没有研究，也不懂甲骨文、金文，所以没法评价郭沫若的著作，我更多关注的是他的研究方法和理论运用。我的看法是，郭沫若使用的资料很丰富，但对马克思主义理论的运用教条了一些。

问：请谈谈《中国共产主义的起源》《中国革命中的无政府主义》两本书。

德里克：这两本书内容上是有关联的。我发现，无政府主义传到中国是在清末，比马克思主义还要早。而且，在 1920 年前后成立的 8 个共产主义小组中，无政府主义派占了最大比例。那时，像李大钊等人对马克思主义的了解都还很少。到 1921 年、1922 年，在苏联顾问的干预下，中国共产党才逐渐摆脱了无政府主义的影响。

中共党史的研究，资料方面，我得到南京大学历史系路哲先生的很大帮助，他向我介绍了 1920 年前后共产主义小组的很多历史文献；方法方面，Franz Schurmann 教授的《共产党的组织与意识形态》（我认为这本书是研究中国革命史最好的著作之一）给了我很多启发。Schurmann 认为，共产党成立的早期，大家的意识形态观念是有很大的模糊性的，而这时组织就非常重要。我同意他的观点。

问：您后来为什么会从中国革命史研究转向文化批评呢？

德里克：首先是现实发生了很大变化，70 年代，全球范围内社会主义革命消退，进入了一个我称之为"后革命"的时期。其次，学术界也发生了很大变化。在 20 世纪五六十年代，因为对苏联失望等原因，英国的雷蒙德·威廉斯（Raymond Williams）、汤普森（E. P. Thompson）、法国的阿尔都塞（Louis Althusser）等左派学者都脱离了共产党，成为"独立的马克思主义者"。以前苏联的马克思主义是有点机械主义的，强调经济基础和上层建筑的二元划分，而这些学者认为文化也是物质生活的一方面，不能把文化孤立地抽离出来，因此，他们都很重视研究文化。1976 年，伯明翰学派的斯图亚特·霍尔（Stuart Hall）正式提出文化研究观（Cultural Studies），产生了很大影响。与此同时，法国学者关注语言的分析，在 70 年代发展出后结构主义。这样到了 80 年代，就有一场席卷整个学界的"文化转向"。

我第一篇文化研究方面的文章写于 1985 年，当时，我受邀参加加州大学伯克利分校举行的一场研讨会，在会上发表了题为"Culturalismas Hegemonic Ideology and Liberating Practice"的演讲，产生了比较大的反响。我在文章中指出，文化主义既可能起压迫的作用，也可能起解放的作用。"压迫的作用"我举了列文森（他是我老师的老师）的例子。列文森等学者只注意文化的方面，而不管物质的方面。他们说中国有五千年历史，意思是中国一直如此，从来没有变化。所以我说他们是用文化拒绝历史，用文化反对革命。"解放的作用"我举的例子是法侬（Frantz Fanon）和毛泽东。他们认为文化不是一成不变的，因为是人的活动创造了文化。比如法侬认为第三世界解放运动中的文化不是继承过去的，而是在革命过程中创造出来的。比如毛泽东1940年发表的《新民主主义论》认为中华人民共和国的文化应该是民族的、科学的、大众的文化，也就是说新的文化是革命中形成的、活着的文化。

我很赞赏摩洛哥学者Abdallah Laroui在《阿拉伯知识分子的危机》一书中的观点。他说很多阿拉伯人被困在一座思想监狱里：一边是过去的阿拉伯文化，一边是当代的西方文化；选择前者就不是当代人了，选择后者就不是阿拉伯人了。他认为应该采取历史主义的态度，要用历史解释文化，而不是用文化解释历史。历史学不是保守的，不是反革命的，我们不应该做过去的奴隶，而要利用过去创造未来，这就是我坚持的观点。

问：您为"后学"贡献的两个重要概念是"后革命""后社会主义"，这两个概念是为了描述20世纪80年代之后的变化吗？

德里克：1989年，社会主义在东欧遭到失败，那一年也是法国大革命200周年，而很多法国学者对200年前的那场革命持批评态度，认为那场革命是错误的。但在我看来，革命是与现代性有密切关系的。拒绝革命、拒绝乌托邦、拒绝理想之后，我们对未来也就没有了期望。对将来的预期是我们历史意识的一部分，没有这种预期，我们如何赋予过去以意义？又如何把握我们的今天？

问：近年来中国有一波国学热、儒学热，您如何看待？

德里克：任何热，无论是文化热还是国学热、儒学热，都暗含了一种意识形态。而作为学者，一个重要任务就是开展意识形态批评。我认为国学热是没有什么好处的。像陈来教授在古代儒家哲学方面做了很好的研究，但在国学热的背景下，大家都去关注一些表面的、意识形态化的东西，对严肃的学术却没什么关注，这是很糟糕的事情。

问：作为左派学者，您坚持批判资本主义和美国霸权，对全球化、后殖民也进行批评，是否会让被批评者不高兴？

德里克：是的，我批评全球化和后殖民，我批评美国、土耳其，当然也会批评中国。批评是一个知识分子的责任。有人说马克思主义是一些教条，但马克思在给朋友的信中说，他的学术态度就是"对所有东西的批评"。这也是我的态度。

（感谢董一格小姐对本访谈的帮助）

（2010年12月8日）

回忆父亲梁漱溟

——梁培宽口述

"封笔之作"

我父亲接受艾恺教授的访谈是在1980年，距今约四分之一个世纪了。1980年之前，我父亲一直坚持记日记，日记是给他自己看的，备忘。从1980年三四月间，他就停止记日记了。信不得不回。但后来有的信也是他口述意思，我们替他写。文章就更不作了。现在不是有"封笔"一说嘛，他那时候也可以叫"封笔"吧。1980年以后，像这样比较全面地讲述个人经历，表达自己的思想，就是艾恺教授的这本书（指《这个世界会好吗：梁漱溟晚年口述》）了。如果说口述也可以算是著作，那这本书可以说是他的"封笔之作"。我和整理录音的同志说，要逐字逐句把录音转为文字，不修饰，不润饰。如果这本书有点儿价值的话，这是其中之一。

我父亲故去以来，关于他的传记类作品出了不少，可能有十种以上，大多数传记作者是努力呈现一个真实的梁漱溟，但也难免有不准确之处。还有个别用"演义"的方式来写，那就和事实出入更大。我想，这本书可以和以前那些传记作品参照着看，有助于人们更全面、更准确地了解我父亲。

另外，我想提一下汪东林写作的《梁漱溟问答录》。应该承认那本书有独特的贡献，但无可讳言，它也存在一些明显的失误与缺陷。实际上，正如汪东林同志自己指出的，那本书是用问答体写的传记，而人们"顾名思义"，误以为那本书是"访谈录""口述史"，这就造成了一些误会。比如关于冯友兰先生，我父亲确曾批评过冯先生，但后来了解到冯先生自己已做了检讨，所以也就谅解了冯先生。1985 年 12 月 24 日，两人作了"最后一次会面"。可《梁漱溟问答录》一书将二人最后一次会面误写成 1974 年的事，且说什么冯先生是悄悄地去见我父亲的，致使冯先生亲属有很大意见。好在此书第二版已对错误作了订正。我父亲曾在文章中写到："朋友不终，是很大的憾事。"我觉得，两位老人之间曾一度将发生的"朋友不终"的"憾事"，终归还是得到了避免，这是令人欣慰的。

父子关系

父亲的子女只有我和弟弟两人。实际上，我们和父亲在一起相处的时间并不多。特别是中华人民共和国成立前，他要忙自己的事。比如在山东从事农村工作，虽也把我们接到农村去了，但我们与他在一起的时侯并不多：他和学生同吃同住，要在清晨与学生作朝会，时有出差，周末也很少回来。甚至在我记忆中，找不出小时候和他一起过春节的影子。抗战时期他在重庆、在香港，我们和他相距更远。我的生母 1935 年就过去了；我们先后寄住在姑姑、堂姐和表姑家里。升初中以后又终年住宿学校，因此，小时候我们兄弟俩和他接触谈话的机会并不多。我们知道他顾不上我们，也知道他所尽心尽力的事情不是为了他自己，也不是为了家。我们在亲戚家里，生活上也得到了很好的照顾。我觉得，我们父子之间一直有一种默契的"情可不言喻"（这是我父亲的话）。情况就是如此。

他对我们从来不做具体的要求和指示。他认为我们做任何事情都要靠自己，要靠自觉，要自己拿主意。比如关于我的学习成绩，他从来没有查问过一次。从小学到大学，我的成绩单他只看过一次。那是我上初一的时候，学校发一份通知单，说我地理考了59分，不及格，要我回校补考。我收到通知单的时候，他在旁边，我就递给他看，他一句话也没说就还给了我。我猜他的意思是说：为什么考得不好，你自己清楚；以后该怎么办，你自己也应该知道。这就是他对我们的态度。

1953年，他和毛主席发生冲突，后来受到批判，"文化大革命"中也遭受了一些冲击。这段时间内，我们有时回去看看他，但也帮不了他什么，我们无能为力。"文化大革命"后期，我和父亲也没有住在一起。那时，我父亲住在一个面积很小的两居室，我的继母还在，保姆也只能睡在过道里，所以我们根本没有条件在一起生活。我们偶尔去看他一次，当天就回去。直到20世纪80年代，特别是1986年退休以后，我们才有更多的时间陪伴他，帮他处理一下来信，接待一下访客什么的。总的来说，经历了风风雨雨，我和父亲的关系从来没有不好过。

"文化大革命"中的故事

"文化大革命"中间，他也吃了很多苦头。被抄家，房子也给占过，但和艾恺教授谈到时，他也只是说当时"心里有点不愉快"，"几天我就过去了"。人家占了房子的时候，他睡在水泥地上，那已经是夏末秋初，天气开始变凉，衣物被抄走，他只能把洗脸毛巾系在腰间，以免着凉。街道上也曾拉他去陪斗，他也曾"坐飞机"，回来后一身汗水。这些他都没有对艾恺教授讲。甚至，他也挨过打。山东来人调查一个我父亲认识的人，让他揭发，我父亲据实回答，也说不出什么，人家说他不老实，一个巴掌就把他的眼镜打到了地上。关于这件事，他也没对艾恺教授讲。实际上，他把这事给淡忘了。后来"批林批孔"，政协开会，人家骂他很多难听的话，他自然不好受。后来他在日记中自我检讨：自己修养不够，为什么人家说点儿什么，我就睡不好觉呢？他也并非是逆来顺受之人。有一次，人家骂他是"厕所里的石头——又臭又硬"。他即给领导写信说：对这种言论再不制止，今后将拒绝出席会议。人非木石，人家说成那样，自己一点儿不疼，肯定也是不可能的。但总的来说，我的父亲心胸比较宽广。最关键的是，他认识到自己有自己的使命，晚年他要完成他的著作，而外界对他的干扰都是次要的，他可以不加理会。所以晚年时，他跟艾恺教授讲，写完《人生与人心》，"心愿已了"，"我想做的事情都做了"，死生都无所谓了。

成败得失，任人评说

有人问我父亲给后人留下了什么，很难说。因我无此学识。记得我父亲去世后，灵堂入口大门上悬挂的挽联是：百年沧桑救国救民；千秋功罪后人评说。横批是：中国的脊梁。这个对联是我的儿子写的；他也没和我商量，事前我不知道。当时追悼活动的组织者不同意挂，我儿子则坚持要挂，可能因为觉得争起来也不好，组织者后来还是默许了。

　　我父亲从事乡村工作，后来因日军入侵中断；抗战中及日本投降后，奔走于国共之间，本希望争取一个和平建国的局面，也无积极的结果；1953年，受到打击，从此淡出政治；他的思想可能也并没有太多地影响到今天的社会……所以，有人说，我父亲是一个失败的思想家、失败的社会活动家！我以为，我父亲确遭受过许多失败与挫折，可作为一个思想家，他所思考的一些结果，其中有值得后人研究的东西，并非毫无价值可言。而更应指出的是，他在个人道德修养方面取得了一定的成功，也许是很多人所不及的。父亲辛苦数十年，留下了些什么呢？只有留待后人评说了。

（2006年1月11日）

"黄皮书"出版始末

——访张福生先生

提起"黄皮书",不由将人的思绪带回到20世纪六七十年代。在那个精神粮食极度匮乏的年月,一套黄色封皮,上面印有"内部发行"字样的书籍,成为许多人寻觅、传阅的珍宝,那是青年人心中的普罗米修斯,带来异域之火,照亮了他们的精神生活。在那些书中,俄苏文学作品占了相当比例,其中一些后来曾以公开发行的方式一版再版,有的如今已被公认为文学史上的经典。那些作品曾直接影响了新时期文学的孕育、分娩和成长,是中俄(苏)文学交流史上一段离奇而重要的故事。三十多年后的今日,我们仍然在很多人(比如"今天"派作家,比如先锋派作家)的回忆著作和文章中,不断看到这些书名:《人、岁月、生活》《带星星的火车票》《伊凡·杰尼索维奇的一天》……它们和青春、地下阅读、思想解放等一些词连在一起出现,并未因时间的流逝而褪色。然而,关于"黄皮书"的讲述,基本上都是个人性的、零散的,尚未见到较为全面的介绍,对于其来龙去脉的研究更是付之阙如。

张福生先生自1977年以来,在人民文学出版社外国文学编辑室当编辑,虽然入社时"黄皮书"出版工作已结束,但多年来他用心搜求,多方了解,对"黄皮书"的出版过程有相当的掌握。在应约为我们梳理"黄皮书"历史的过程中,他又当面请教、电话采访了多位与"黄皮书"有关的出版界、文学界前辈：孙绳武（曾任人民文学出版社副总编辑，"黄皮书"主要负责人）、陈冰夷（曾任《世界文学》《外国文学参考资料》《外国文学动态》主编，兼中国作家协会书记处书记）、李曙光（曾在中宣部工作，后调任人民文学出版社副总编辑）、秦顺新（曾任人民文学出版社副总编辑，"黄皮书"具体编辑之一）等。张福生先生特别强调，他能大致讲述"黄皮书"的历史，首先要感谢上述几位先生的帮助。

问：近年来，一些作家、学者常常在回忆文章中提及"黄皮书"的事情，还有一些学者想开展这方面的研究，却苦于资料难觅，不得其门而入。据传，您是国内收集黄皮书较多的人，与参与"黄皮书"出版的一些前辈也多有接触，能否先简单介绍一下"黄皮书"的概况？

张福生：所谓"黄皮书"，是 20 世纪六七十年代我国"内部发行"的图书中较为特殊的一种。由于其封皮用料不同于一般的内部发行书，选用的是一种比正文纸稍厚一点的黄颜色胶版纸，故而得了这么一个名符其实的俗称。也有一些书虽未采用黄色封皮，但人们也把它们归入"黄皮书"的行列，这个后面再详细解释。

"黄皮书"的封面或封底印有"内部发行"字样，有的书中还夹着一张长一寸、宽二寸的小字条："本书为内部资料，供文艺界同志参考，请注意保存，不要外传。"

60 年代初"黄皮书"问世时，每种只印大约 900 册。它的读者很有针对性：司局级以上干部和著名作家。这就给它增添了一种"神秘"色彩。据当年负责"黄皮书"具体编辑工作的秦顺新先生讲，他曾在总编室见过一个小本子，书出版后，会按上面的单位名称和人名通知购买。曾在中宣部工作、后调入人民文学出版社任副总编辑的李曙光先生也讲，这个名单是经过严格审查的，他参与了拟定，经周扬、林默涵等领导过目。俄苏文学的老编辑程文先生回忆说，他在国务院直属的对外文化联络委员会工作时，具体负责对苏调研，所以他们那里也有一套"黄皮书"，阅后都要锁进机密柜里。

问："黄皮书"的出版是从什么时候开始，什么时候结束的？

张福生："黄皮书"的出版基本上可以分为两个历史阶段。第一个阶段是"文化大革命"之前，主要在1962年至1965年间集中出版了一批"黄皮书"，其中如小说《苦果》（1962）、诗歌《人》（1964）、剧本《德聂伯河上》（1962）、理论著作《苏联文学与人道主义》（1963）等。第二个阶段是"文化大革命"中期到"文化大革命"结束，主要在1971—1978年间出版了一批，但这时"黄皮书"已经"名不符实"，一些书的封面改为了"白皮""灰皮"等，其中如《人世间》（1971）、《白轮船》（1973）、《滨河街公寓》（1978）等。

以前，我一直认为"黄皮书"的第一本是1962年2月出版的《苦果》（该书收集了25篇包括苏联、波兰、匈牙利、捷克斯洛伐克等国作家的小说、诗歌和论文），李曙光先生以及《苦果》的译者之一曹苏玲先生也都这样认为。但是，前几天，秦顺新先生告诉我，在《苦果》之前的《山外青山天外天》（1961）等书也应归为"黄皮书"。这本诗集的封皮是绿色的，上面未写"内部发行"字样，但书里夹有印了"本书为内部资料……"字样的小字条。我查了一下中国版本图书馆编辑的《全国内部发行图书总目》，确实列有这本书。秦顺新先生认为，"黄皮书"系列的出版可以追溯至1957年出版的《不是单靠面包》。如果秦先生记忆不错，"黄皮书"的出版似乎有一个"序曲"阶段，但这点还有待于进一步考证。

问：作为"供批判用""反面教材"的"黄皮书"是在特殊的历史条件下出现的，具体的背景如何？

张福生：从这套书的出版年代和书目不难看出，它是在"反修"大旗下诞生的。这个问题我曾请教过出版界的前辈、"黄皮书"最初的负责人孙绳武和秦顺新等先生。他们说，1959—1960年以后，中苏关系逐步恶化，中宣部要求文化出版界配合"反修"斗争。人民文学出版社作为国家级文学专业出版社，为"反修"工作服务是责无旁贷的。根据当时苏联文学界争论的一些问题，如描写战争、人性论、爱伦堡文艺思想等，出版社确定了一批选题，列选的都是在苏联或受表扬或受批评的文学作品。

这个问题，我也曾问过《世界文学》的老领导陈冰夷先生。那天（1998年10月15日），他讲了许多，大致的意思是：1959年12月到1960年1月，中宣部在新侨饭店跨年度地开了一次文化工作会议，当然透露出来的是比中宣部周扬更高一层人物的精神。会后周扬找一些人谈话，讲要出版反面教材，为"反修"提供资料。这是很明确的，但没有正式文件。

陈冰夷先生告诉我："这个会议很重要，我事先知道，所以我在1959年底，以《世界文学》编辑部的名义，出版了'世界文学参考资料专辑'，书名叫《苏联文学界最近时期重大争论》……"后来，我找到了陈冰夷先生讲的专辑的第二本，它收了39篇争论文章，共278页。封面上印着"内刊部物·专供领导参考"。这里颠倒了一个字，应为"内部刊物"。封底没有定价，只印有"1959年11月19日编"的字样。

他还提到一个背景。1959年5月，苏联第三次作家代表大会召开。茅盾先生率团出席了会议。那时苏联文学界已经开始有些乱了，对许多问题争论不休。我们对涉及问题的一些具体作品没有读过，所以周扬他们要了解情况，掌握材料，配合即将爆发的两党斗争。

从陈冰夷先生的谈话感觉，他认为这是"黄皮书""来龙去脉"的"来龙"。就"来龙"问题，我问过许多老前辈，因为没有文件，大家都说得不很明了。李曙光和高莽先生认为陈冰夷先生的这个说法合乎实情，是可信的。

问：还有其他当事人向您讲到"黄皮书"的缘起吗？

张福生：在今年8月5日和我的通话中，李曙光先生说："1959年12月那次新侨饭店会议后，周扬找了一些专家、理论家座谈，探讨"反修"、批判资产阶级文艺中的人道主义、人性论等问题。陈冰夷在，还有姜椿芳、冯至。主要是要大家对外国文学界发生的大事加强调研，要出反面教材，为文艺界领导提供参考。"李曙光先生还讲:"中宣部专门成立了一个文艺'反修'小组,经周扬与林默涵研究,具体负责人是林默涵。这个小组主要是起草'反修'文章,同时抓'黄皮书'的出版,我协助林默涵做联系工作。我主要联系的人是陈冰夷同志,有时也找叶水夫同志。记得较早出版的是《苦果》。由于我是联系人,'黄皮书'出版后都送我样书,有时也看清样,记得看过《〈娘子谷〉及其它》的清样。"

关于新侨饭店会议,秦顺新先生讲,他听过这次会议的传达报告,记得是周扬还是钱俊瑞讲过一句话:"我们对欧美文学的了解基本是一片漆黑,对苏联东欧的了解也是一知半解。"要出版外国文学参考材料,这个精神是向出版社传达了。

问:"文化大革命"前,以"黄皮书"的形式出版了哪些书?

张福生:"文化大革命"前出版的应包括小说:《苦果》(1962)、《人、岁月、生活》(第一、二部,1962)、《生者与死者》(1962)、《带星星的火车票》(1963)、《解冻》(1963)、《伊凡·杰尼索维奇的一天》(1963)、《索尔仁尼津短篇小说集》(1964)、《战争与回声》(1964)、《苏联青年作家小说集》(上、下,1965)、《军人不是天生的》(1965)、《小铃铛》(1965)、《艾特玛托夫小说集》(1965)等,大约近20种。

诗歌:《人》(1964)、《〈娘子谷〉及其它》(诗集,1963)、《焦尔金游地府》(1964)等几种。

剧本:《德聂伯河上》(1962)、《伊尔库茨克故事》(1963)、《保护儿子》(1963)、《晚餐之前》(1964)、《暴风雪》(1963)

等 10 余种。

还有一批文艺理论著作：《苏联文学与人道主义》（1963）、
《苏联文学中的正面人物、写战争问题》（1963）、《苏联青
年作家及其创作问题》（1963）、《苏联一些批评家、作家论
艺术革新与"白俄表现"问题》（1964）、《人道主义与现代
文学》（上、下，1965）、《戏剧冲突与英雄人物》（1965）等，
约 13 种。这些理论书很少被人们提起，其实它们是"黄皮书"
很重要的组成部分。

列入"黄皮书"系列的除了苏联文学作品外，还有其他国
家的几本书，数量不多：美国的《在路上》（1962）和《麦田
里的守望者》（1965）、意大利的《费鲁米娜马尔土拉诺》（1964）、
英国的《往上爬》（1962）、《等待戈多》（1965）、南斯拉
夫的《娜嘉》（1964）、保加利亚的《暴风雨过后的痕迹》（1965）、
瑞士的《老妇还乡》（1965），还有一本法国文艺理论家的集子《勒
菲弗尔文艺论文选》（1965）。

问："黄皮书"的出版书目是怎么选定的？

张福生：秦顺新先生告诉我：孙绳武先生当时全面负责这
套书，他对送来的每一期《进口图书目录》都仔细阅读，挑选
出一些苏联当时最有争议或得奖的图书订购。那时编辑部也订
了许多苏联文学杂志和报刊，如《文学报》《旗》《星》《十月》
《新世界》《我们同时代人》等。大家分头阅读，提出建议，
最后由孙绳武先生批准。

问："黄皮书"当时主要由人民文学出版社出版的吗？还有没有其他出版社的参与？

张福生："黄皮书"主要是由人民文学出版社出版的，同时还用了"中国戏剧出版社"和"作家出版社"的名义出版。"文化大革命"前，"中国戏剧出版社"和"作家出版社"都是人民文学出版社的副牌，就如现在外国文学出版社一样。当时的"作家出版社"与现在的作家出版社毫无关系，而"中国戏剧出版社"与现在的"戏剧出版社"却有着"血肉"联系。现在的戏剧出版社当时是人民文学出版社的"戏剧编辑室"，1980年以后才分出去另立门户。当然，第一批"黄皮书"中也有特例，如《军人不是天生的》，出版者是作家出版社，但在这个名字下又印了"上海"两个小字，其实这就是现在的上海译文出版社的前身。1965年出版的《同窗》的出版者更为明确："作家出版社上海编辑所"。

问："文化大革命"中后期，"黄皮书"的出版工作是怎样接续起来的呢？

张福生：1966年"文化大革命"开始，"黄皮书"的出版自然也就中断了。再重新继续出版，已经是"文化大革命"中期的1971年。据人民文学出版社第一批从干校回来工作的俄苏文学编辑王之梁先生讲，1971年遵照周总理指示，出版社重新组建，恢复工作。当时发生了三岛由纪夫剖腹事件，上面有文件，明确指示尽快出版三岛的作品。很快，人民文学出版社就以"内部书"的名义出版了三岛的4部作品。

随着出版社的工作逐步走上正轨，"黄皮书"又开始重新上马。当初，这套书是从"反修"开始的，时隔数年，尤其是1969年又发生了"珍宝岛"事件，此次则在"反对苏修社会帝国主义"的旗帜下重新启动。但这时"黄皮书"已经名不符实，一些书的封面改为了白皮、灰皮。出版者也有了很大的变化，除了人民文学出版社外，上海译文出版社、上海人民出版社也相继加入进来。

有人把这其中灰色封皮的文学图书称为"灰皮书"，并不准确。所谓"灰皮书"，一般是指人民出版社、商务印书馆等出版社出版的政治、社科类图书，属于甲类（而文艺书属乙类），如"文化大革命"前的德热拉斯的《新阶级：对共产主义制度的分析》、托洛茨基的著作《被背叛的革命》等。"文化大革命"中后期，"灰皮书"的出版工作也曾接续起来。

问：这期间又出版了哪些书？

张福生：这一时期出版物中大家较为熟悉的有：《人世间》（1971）、《多雪的冬天》（1972）、《落角》（1973）、《特别分队》（1974）、《阿穆尔河的里程》（1975）、《白轮船》（1973）、《最后的夏天》（1975）、《木戈比》（1976）、《蓝色闪电》（1976）、《绝望》（1978）、《白比姆黑耳朵》（1978）、《滨河街公寓》（1978）。

问："黄皮书"的出版是在什么时候画上句号的？

张福生：1970年代末出版的《岸》《滨河街公寓》《正午的暮色》等也属"内部发行"，但其吸引力和神秘色彩已渐渐失去，

"黄皮书"的历史使命到了结束的时候。随着全国各地出版社恢复正常工作，出版重心逐步转移到解决"书荒"的问题上，许多过去应列入"黄皮书"的作品逐渐可以公开发行了。

时任中宣部新闻出版局理论处处长的李洪林 1979 年在《读书》杂志创刊号上发表《读书无禁区》一文，振聋发聩。那之后，他还在《读书》上发表过一篇《解放"内部书"》的文章。可以说，他这两篇文章喊出了一代读书人的心声，预示着一个新时代的来临。

问：您怎么看待出版"黄皮书"这段特殊的历史？

张福生：时过境迁，"黄皮书"成了历史。但近年来，许多人对它却越来越感兴趣。出版界的前辈陈原先生曾打电话问过我"黄皮书"的事情，似乎他是从出版史的角度予以关注的。前不久，一位在美国研究俄苏文学的同胞来我办公室要了解这套书。更多的是同行，出于好奇心，要开开眼。

这段历史在中国的出版史、中外（尤其是中苏）文学交流史、文化史上都非常重要。人们有时候觉得，"文化大革命"前后的十余年，中国人对外国文艺的了解完全中断了，但实际上并不是，还有"黄皮书"这根线断断续续连着。这是无法跳过去的一段历史。

问：您认为"黄皮书"给后人留下了什么？

张福生：作为后来的俄苏文学编辑，我对"黄皮书"，除了大家抱有的那种"好奇心"外，更多的是钦佩这批书的译文质量。应该说，"黄皮书"的译文大都是一流的。很难想象，在那么紧迫的时间里，那样浓重逼人的政治气氛中，他们需要怎样的一种精神，才保证质量地完成了这样艰巨的任务。

孙绳武、苏杭、曹苏玲、秦顺新、冯南江、钱诚、孙广英、荣如德，还有许许多多用"斯人""伍桐"这样的笔名代替真名的译者，都值得我们永远地记住。感谢他们为我们留下了这样一笔丰厚的珍贵财富。

问：能具体讲讲这些译者的情况吗？

张福生：实际上，当时的很多译者在今天看来都堪称翻译大家。像译《带星星的火车票》的王士燮，译《滨河街公寓》的蓝英年，都是非常优秀的译者。后来有些"黄皮书"再版时，也都采用了原初的译文。不过，有些署笔名的译者并不容易找到。我知道，译《伊凡·杰尼索维奇的一天》的"斯人"，实际上是4个人：曹苏玲、陈小曼、王家骧、程代熙。而"伍桐"是谁，我至今还没搞清楚。还有一些书是集体翻译的，如署名"天津外语翻译学院"，具体哪些人参与了，并不容易搞清楚。

问：您上面提到的"黄皮书"中，后来很多都公开出版了，读者很容易就可以读到那些曾经非常神秘的作品，您是否留意过"黄皮书"的再版情况？

张福生：有的书改革开放以来曾一版再版，有的书近几年才被挖掘出来重新出版。但我总觉得，首要的是搞清楚这段历史。我们今天这里谈的只是个轮廓，许多话题并未展开。一些当事人已进入暮年，记忆未必准确，加上我的转述肯定会有曲解和偏差，希望让更多的接触过"黄皮书"的人提供有价值的线索，指出我们谈话中的谬误，给有兴趣研究它的人留下一份可靠的资料。

（2006年8月23日）

38年的民国，40年的"民国史"

在纪念辛亥革命 100 周年之际，总计 36 册的《中华民国史》由中华书局出版，引起了各界广泛关注。这种关注，主要集中于书本身，尤其该书如何评价那段历史，如何评说那些众说纷纭的事件和人物，颇牵动各方的神经，也勾起一般读者的兴味。另外，这样一套大书，其编纂历时长久，牵涉众多，亦构成一部小型历史，很值得我们关注。

讲述《中华民国史》的编纂历史，需要追溯到 1971 年。正是在当年召开的全国出版工作座谈会上，周恩来总理亲自指示，将民国史研究列入国家出版规划。

中国社科院近代史研究所副所长汪朝光研究员介绍说，1971 年的全国出版工作座谈会，是在特殊形势下召开的一次特殊会议。当时，全国的出版工作已停顿多年，几乎没有新书出版。时值"文化大革命"进行的间歇期，召开此次会议，也有推动、恢复新书出版的目的。会议原定开两周，结果却开了 4 个半月，从 3 月到 7 月，从春天到夏天，最后形成的会议纪要，经过中央政治局讨论，毛主席批示，下发全国执行。正是在此次会议上，决定重印《红楼梦》等中国古典文学四大名著，恢复"二十四史"的标点工作，出版《新华字典》修订本，等等。会后，国务院出版口即找到中国科学院哲学社会科学学部（今中国社会科学院）近代史研究所，传达中央关于编纂民国史的指示。"但是，究竟是谁提出编纂民国史的建议的，周恩来总理等中央领导人是如何指示的，只有等到今后相关档案开放，方可完全知晓。"汪朝光说。

"民国史编纂计划的提出，恐怕与中美关系的改善有很大关系。"中国社科院学部委员、近代史研究所研究员耿云志先生推测说。1971 年，中美关系出现松动。当年 7 月，基辛格秘密访问了中国。"中美建立外交关系，势必牵扯到台湾问题。1949 年以后，为中华民国修史，意味着向世界严正表明：中华民国已成历史，只有中华人民共和国是中国唯一的合法政权。"

汪朝光介绍说，编纂民国史的任务交给近代史所以后，1972 年 8 月，近代史所向学部"军宣队"、中国科学院郭沫若院长、党组负责人刘西尧呈交报告，表示："经过我们研究，认为在当前用马克思主义观点来阐述中国剥削制度社会最后一个朝代中华民国的兴亡，不仅是必要的，而且是可能的。由近代史所负责这项任务，也是义不容辞的责任。"报告呈交后，刘西尧批呈国务院办公厅主任吴庆彤，吴庆彤批示：这件事是要做的，提呈郭老批示。郭沫若院长随即批复：同意。9 月间，刘西尧将郭老批示转学部，民国史研究工作正式启动。

1971 年，近代史研究所有工作人员近 160 人，其中研究人员 100 人左右。他们中的多数人在 1970 年 5 月下放到学部设在河南明港的"五七干校"，直到 1972 年 7 月才回到北京。1972 年 10 月，民国史研究组成立，先后吸收 40 余人参加，他们都是刚刚从河南回到北京，正待开始研究工作，民国史项目的上马，刚好给了这些研究人员恢复研究工作的机会。

　　耿云志听说要搞民国史还是在河南明港干校。当时大家猜测，这个项目只能由近代史所接手。1972 年 6 月，耿云志回到北京，消息也进一步明朗了。"民国史研究组最初成立时，总共只有十几个人。老一辈以李新、姜克夫为代表，都是解放区磨练出来的革命老干部。年轻人中，大多数人毕业之后从没搞过业务，不是都能立即开展研究工作，提笔写书或写文章。所以我说那时是'十几个人，七八条枪'。到现在，这十几个人，有的故去，有的退休，有的外调，仍然在岗的，就剩我一人了。"耿云志回忆说。

　　中华书局很早就介入了《中华民国史》的出版。中华书局编审陈铮先生回忆说，"文化大革命"期间，中华书局处于解散状态。1972 年 12 月，中华书局多数员工从湖北咸宁文化部"五七干校"调回北京。当时，中华书局与商务印书馆合并，两块牌子，一个班子，原中华书局文史哲编辑人员多被编为第二编辑室。1973 年元旦后上班不久，原中华书局主持近代史编辑组工作的副组长李侃先生兴奋地告诉陈铮，他和近代史所谈妥一个项目，这就是出版民国史的项目。当年二三月份，李侃和陈铮首次参加了李新主持的民国史组会议。会上双方指定了工作联系人，作者与出版者的合作从此开始。

　　今天的人们很难想象，作为民国史项目的主要领导者，李新先生承受了怎样的压力。耿云志介绍说，项目启动伊始，有些史学界高层人士都用怀疑的眼光看待李新的工作。1975 年，林修德到中国科学院哲学社会科学部任领导小组组长，很担心这个项目出问题，便劝说李新不要搞了。李新回答说，我们编写中华民国史，并不是为统治集团树碑立传，而是要写中华民国的兴亡史，也就是要搞清楚它是怎么灭亡的。就这样，这个项目在"文化大革命"那样险恶的政治环境下坚持了下来。

研究怎么搞也是一个很大的问题。"文化大革命"中流行的工作方式是"以论代史"（"文化大革命"中搞大批判就是这种办法），即先有结论，再根据结论去搜集材料。而李新了不起的地方在于，自一开始，他就坚持"论从史出"，强调先熟悉材料，积累史料，从材料出发，不说空话。"这样路子就走对了，我们的研究没有变成无谓的浪费。"耿云志说。

在重视史料的方针指导下，民国史研究组最初分为人物传记组、大事记组和专题资料组。汪朝光介绍说，当时的计划是编写一千人左右的民国著名人物简传，逐日编写民国大事记，编写民国时期政治、经济、军事、外交、文教、社会的专题资料，在此基础上，再进行民国史的撰写工作。"当时还没有电脑，一切工作都是循传统的方式，从查找、抄录资料，积累卡片开始，为此积累的卡片多达数十箱，体现出学者的刻苦和认真。"

1973年12月，由中华书局出版的《中华民国史资料丛稿·人物传记》第1辑和《中华民国史资料丛稿·大事记》第1辑同时印行，这是最早出版的资料汇编。最初出版的资料汇编采用白皮封面，大16开，被称为"大白本"。它们有材料，有分析，可谓有骨有肉，可读性很强。"大白本"只是内部发行，但在那个无书可读的年代，不少人托关系千方百计找来读。

1978年出版的《中华民国史资料丛稿·民国人物传》第1

卷是由中华书局公开出版发行的，这也是 1949 年以后大陆出版的第一本带有"民国"字样的著作，充分说明了国家政治环境的变化给学术研究带来的变化。

汪朝光介绍说，1978 年以后出版的资料汇编，虽然仍有内部发行，但更多是公开发行。到 20 世纪 80 年代末期，共计出版了"人物传"23 辑，"大事记"31 辑，还有特刊、增刊、专刊、专题资料等 29 种 36 册、译稿 19 种 43 册，其中不少至今仍为学界在研究民国史时所广泛利用，如《胡适任驻美大使期间往来电稿》《民初政争与二次革命》《奉系军阀密电》《奉系军阀密信》《史迪威事件》《马歇尔使华》《冈村宁次回忆录》等。这些资料都是从第一手的档案、文献、报刊中爬梳所得，经过认真细致的考辨整理，最终编辑成册出版，具有相当的史料价值。20 世纪 90 年代以后，随着情况的变化，各种专题资料不再编辑出版，"民国人物传"和"大事记"全部改为公开出版。

有了丰富的材料积累，1977 年便开始部署撰写《中华民国史》。第 1 卷的内容是辛亥革命史。过去，国民党人曾经写过数个版本的"中华民国史"，主要着重于孙中山领导的起义。李新却认为这样太简单，应该把清末重要的事件都纳入到辛亥革命的范畴，其中包括立宪运动。

梳理立宪运动史的任务交给了耿云志。在那之前，国内没有人认真研究过立宪派的活动，偶有一些论及立宪派的文章，也是视之为辛亥革命的反动力量，持全然否定的态度。为了搞清立宪派的活动，耿云志通读了作为立宪派重要舆论阵地的《时报》，从 1904 年创刊到 1911 年武昌起义，一天天读下来，费时数月。事实上，大约有两年时间，耿云志都泡在明清档案馆（今中国第一历史档案馆）、北京大学图书馆、北京图书馆（今国家图书馆）等处，查找当时与立宪派有关的各种报刊、档案材料。到 1979 年，耿云志开始撰写《中华民国史》有关立宪派的章节，这一章就写了 8 万字。耿云志在书中指出，当时革命党的力量非常有限，而立宪派有很强的实力，他们对辛亥革命的成功有重要贡献。拿到耿云志的稿子，李新非常满意，认为材料详实，结论有说服力。后来书出版以后，耿云志关于立宪派的这一部分产生了很大反响，在海外也受到了普遍认可。著名近代史学者陈志让先生称赞耿云志的研究"材料、观点都是新的"，由此，两人结下了深厚的友谊。

耿云志认为，除了关于立宪派的论述之外，《中华民国史》第 1 卷对革命派的认识也有新意。以前国民党立场上撰写的相关著作，大多只写十次起义，其他一概略去。这样建构起来的革命历史，实际上只是孙中山一系的。"革命党有分派，比如光复会，虽然后人并没有以否定态度看待，但是也不把它作为一个很重要的部分来写。我们的书则没有这种党派立场的局限。"耿云志说。

总的来说，《中华民国史》第 1 卷的出版（1981 年上册、1982 年下册）可谓一炮而红。"这是 1949 年以后大陆出版的第一本民国史研究著作，学界给予了很高的评价，较为一致的意见是，该书'翔实、公允、清新'。读者的反应也相当不错，该书的发行量很大。直到 20 多年以后，还有当年购买了此书的农村乡镇读者来函，询问那之后出版了几卷，在哪里可以购买，也可见此书当年的影响。"汪朝光说。

1978年《民国人物传》第1卷公开出版后，经历了27年的时间，在2005年出版了最后一卷第12卷。《大事记》在经历了若干年的内部出版后，1996年一次性汇集出版为5大册。

《中华民国史》的出版"拖"得最长。李新先生原初的计划是争取在1975年编出大部分资料，并写出第1卷书，全部工作争取5年完成或基本完成。后来看来，还是对工作的艰巨性认识不足。实际上，《中华民国史》第1卷（上下册）的出版是在1981年、1982年，此时距离最初工作的开始已经接近10年。"对于一门新兴的学科而言，有二三十年的开拓奠基时期，其实是非常正常的事。"汪朝光说。

《中华民国史》此后各卷的进度更加"缓慢"，各卷也不是按时间顺序出版：1987年，第2卷（1912—1916）、第3卷（1916—1920）出版；1994年，第6卷（1926—1928）出版；2000年，第11卷（1945—1947）、第12卷（1947—1949）出版；2002年，第8卷（1932—1937）出版。今年，过去尚未出版的第4卷（1920—1924）、第5卷（1924—1926）、第7卷（1926—1928）、第9卷（1937—1941）、第10卷（1941—1945）一次完成出版，又将过去出版的7卷略事修订后重印，同时将"人物传"和"大事记"修订重版。历40年之功，《中华民国史》终成完璧，其中包括：《中华民国史》（12卷，16册）、《中华民国史人物传》（8卷，8册）、《中华民国史大事记》（12卷，12册）。

汪朝光先生介绍说，这次《中华民国史》一次推出，其中《中华民国史人物传》修改量最大，新增了100多位过去因为种种原因未收录的知名人物传记，对于以往收录的人物传记做了不小的修改。《中华民国史大事记》也根据情况，做了适当的修改，主要是增加一些新的内容，删去一些不必要的内容，订正若干错误和文字表述。《中华民国史》除了有5卷是首度面世外，旧出各卷，因为考虑到工作量，也考虑到部分作者已逝或年事已高，还有排版的技术性要求，只订正了其中的史实讹误和极少的文字表述，而其基本的框架结构、史实叙述和评价、文字表述等并未大动，基本维持了当年出版时的原貌。"这样，虽然书中有些观点确实还值得讨论，留有时代的痕迹，但也可以从中知晓改革开放30余年来，民国史学科乃至中国学术发展变化的情况，而重大事件和重大人物的史实没有修改，正说明在历史的叙述方面，这套书是尊重事实的，是遵守学术规范的，也是立得住的。"汪朝光说。

关于具体的修改或订正，汪朝光举了两个例子。《中华民国史》第1卷第1页清朝雍正皇帝的名字，当年出版时写成"胤祯"，这是错误的，应为"胤禛"，这次重版便改正了。再如，书中曾有这样的表述，"清朝是帝国主义的走狗"。在不影响排版格式的情况下，删去了这句话，因为"走狗"这样的表述比较"文学"化，同样的意思，完全可以用更学术的语言来表述。

一部民国史，做了近40年。实际上，这也是民国史学科从无到有，从"险学"到"显学"的40年，是民国史图书出版从冷门到热门的40年，更是中国社会发生巨大变迁、学术文化界从万马齐喑到风雷激荡的40年。《中华民国史》的编纂见证了这一切，也反映了这一切。而这其中，有前辈学者和出版人的努力，也有年轻一代的付出。40 年间，参与编写工作的李新、李宗一、孙思白、姜克夫、彭明、夏良才、周天度、朱宗震等先生已先后逝世，中华书局参与出版工作的李侃、何双生等也已离去。

"孙中山先生临终前说，他致力于国民革命凡 40 年，革命尚未成功；诸多学者参与纂修的《中华民国史》历时近 40 年，如今已经大功告成。我们终于可以告慰李新、李侃等先生在天之灵了。"陈铮先生感慨地说道。

《中华民国史》能否成为第26史

《中华民国史》36 册全部出齐，无疑是 2011 年学术界、出版界的一件大事。但是，这样一套大型图书，编纂过程漫长，参与作者众多，且由于民国离我们今天非常近，其中很多重要问题至今仍没有形成定论，它能否成为一部立得住的史书呢？它留下了哪些缺憾，取得了哪些成就？

中国社科院近代史研究所副所长汪朝光研究员认为："历史著作的撰写总是有缺憾的，因为历史资料在不断发现，从而造成历史事实在不断重构，对历史的评价也在不断变化。我们这套书同样如此，从其前后 30 年不同卷别的叙述角度、评价臧否，乃至语言文字，都可以发现明显的变化。如果说其缺陷或不理想的方面，一是写作和出版毕竟经历了较长时间，作者队伍人数众多，或有前后不一致、各作者之间不一致的问题；二是对于国民党统治时期的历史，在运用台湾和海外资料方面还有不足，有些问题因为出版年代或写作年代较早的原因，没有运用最新公布的资料；三是研究着重在政治、军事、外交的层面，经济、文教层面论述不够，社会、思想层面基本未涉及。"

中国社科院学部委员、近代史所研究员耿云志、中共中央党史研究室副主任章百家等先生也认为，《中华民国史》的撰写历时近40年，而这40年是中国社会发生急剧变化的40年，我们对民国的认识变化很大，因此前后各卷在观点上必然会有不一致的地方；另外执笔者有几十人之多，涵盖三代人，各人笔法上也会有诸多不协调之处。"即使在今天，我们对很多重要问题的认识也未必能到位，比如关于孙中山的评价，关于袁世凯'窃国'的问题，关于1924—1927年间国共关系的问题，关于国民政府处理对日关系的问题，等等，我们目前的认识不能不说仍然会有一定的局限性。"耿云志说。

一部史书的写作必然涉及一个史观问题，《中华民国史》也不例外。如果说中国传统史书大多采用儒家史观，在"文化大革命"期间"革命"史观（阶级史观）占据主导地位，改革开放30多年来，我们的史观呈现多元化的趋势，唯物史观、现代化史观以及其他一些分析历史的理论方法百花齐放，并未定于一尊。"应该说，目前史学界所运用的指导史观仍然是马克思主义的唯物史观，只是，我们并不排斥其他历史研究的理论和方法，而是在研究过程中，以更开放的心态，以更多样的理论方法，对待复杂多变的历史进程，从而得出符合历史事实和历史演进的科学结论。"汪朝光说。

耿云志则认为，对于史观问题，我们不必做生硬的理解，不是说你从几个教条出发评价历史，就是在运用一种史观；也不是你读了几本年鉴派的著作，就是年鉴派的史观。我们需要的是，全面、深入、系统地研究一段历史，对这段历史既有具体的了解，也有宏观的把握，在此基础上，形成对一段历史的总体看法，这样的史观才能立得住。"《中华民国史》体现的肯定不是蒋廷黻主张的现代化史观，更多恐怕还是革命史观。但是，《中华民国史》的写作越到后期，革命史观愈加淡出，也是必然的。比如我们以前总在争论辛亥革命的性质问题，研究它是资产阶级革命呢，还是国民革命？我想，今天的学者大可不必太纠结于此类问题。"

就此而言，《中华民国史》的可贵之处正在于它自始就努力摆脱泛政治化的倾向，强调从史料出发，让史料说话，从而基本上保证了历史的客观性，否则，《中华民国史》早期各卷也就没有了重印的价值了。汪朝光评价说："应该说，所有参加本书写作的作者，都是以认真负责的精神参与其事，秉持历史主义的立场和实事求是的原则，以事实为依据，以实践为准绳，不夸大，不虚饰，达到了他们写作年代所能达到的学术标准和认识高度。特别是改革开放以后，对于历史上的人和事，我们更注意到其复杂性和多样性，评价的标准也趋向于多元化。当然，整部书放在这里，也还有旧时代的痕迹，这只能留待将来的研究和修订了。"

中国是一个历史学传统悠久深厚的国家，特别是以二十四史和《清史稿》为代表的官修正史传统绵延千百年，在世界上独树一帜。2002 年 8 月，中共中央和国务院批准启动《清史》

编纂工程，也是这一正史传统在现代的延续。《中华民国史》是否可以列于二十四史和《清史稿》（《清史》）这一序列，被作为第26史呢？

"所谓二十四史或二十五史，是中国史学的宝贵财富，但是，毕竟时代不同了，今后可能也不再会有当年那样的二十四史了，至少二十四史那样的体裁，有许多方面不适合现在及未来的史学研究。比如，帝王的本纪不再会成为历史叙述的主体或最主要的方面，甚至根本就没有本纪这种体裁存在的必要。因此，从20世纪新史学在中国诞生以来，所谓二十四史的传统或许就不再会延续了。我们这套民国史实际也没有自比为二十四史那样的体裁，而是适应了现代要求的史学样式。"汪朝光说。

《中华民国史》出版座谈会上，著名历史学家金冲及先生提出一个建议，认为《中华民国史》应该增加"志"的部分，像工业志、农业志、金融志、外交志等等，这样，《中华民国史》《中华民国人物传》《中华民国大事记》和"志"的部分就分别对应了我们历来正史的纪、传、表、志，"这样就比较完整，可以向后世交代了"。对此，耿云志表示，"不很同意"。他认为，《中华民国史》的修史方法与古代的修史方法完全不同，古代的修史方法适用于王朝体系，但并不一定适用于现代社会；古人认为历史是循环的，而今人更加强调社会的发展变化。实际上，自梁启超提出新史学的主张以后，中国人写史的方法已经基本上西方化了。"以古人的方法修近代史、现代史，效果肯定是不伦不类的。我们何必非要学古人那一套呢？借鉴是可以的，墨守没有必要。"耿云志说。

值得注意的是，参与《中华民国史》编纂工作的学者也不认为该书是"官修史书"。中国社科院近代史研究所民国史研究室主任金以林研究员接受某报采访时说："虽说中国古代有官方修史的传统，但我们编纂的这套《中华民国史》，完全是由一个学术单位负责组织协调，团结了国内许多大学和科研机构共同编写。在编纂《中华民国史》的过程中，我们的确得到过各类国家基金的资助，但研究是完全独立的，并不是说代表了'官方'的意志。"

章百家指出，对历史的记述大致可分三种：一种是当事人对历史的记述，他们只写自己的经历和感受，而不那么关注事件的起源和结局；一种是政治家对历史的记述，他们解读历史时更多考虑的是与自己的政治主张和现实需要相符；最后一种是历史学家的记述，严谨的史家会力求客观地叙述历史，科学地评价历史。就此而言，《中华民国史》的编纂历程，是历史学家努力摆脱政治禁锢，思想不断解放的一个过程。"编写《中华民国史》这样的大书很不容易，但它未必能一次定型。要获得二十四史那样的经典地位，还有待历史的检验。今后仍可能挖掘出重要的新史料，史家的观念也还会发生变化，或许再过10 年、20 年，《中华民国史》还会做全面修订，也或许后人会另起炉灶重新写过。"

"总而言之，《中华民国史》并不是以二十四史的样式来写作的。但是，如果做简单的类比，以二十四史的标准来衡量这套著作，《中华民国史》可能还有一定距离。但无论如何，这套书在客观反映历史方面所做的努力是有目共睹的，其学术水准也得到了学界一致的认可。我们所有作者，包括已经去世的学者如果在天有灵的话，都是可以感到欣慰的。"汪朝光说。

（2011年10月26日）

一个"知道分子"所知道的

——访沈昌文先生

沈昌文的口述自传取名为《知道》——一个普通得不能再普通的书名。不过，是否字面下仍有深意呢？在《知道》一书发布会结束后的饭局上，记者问沈先生。他回答说："书名是出版社给起的，不过和我的意思也有相合之处。我一直宣称自己不是知识分子，而是知道分子。知识分子这个词含义太复杂了，我也没有能力担负知识分子的使命，做一个知道分子还差不多。张冠生先生在'后记'中说我'一生读书编书，缘书知"道"'，那我当不起。我怎么敢自称知'道'之人呢？"

沈昌文人生的起点并不高。14 岁起，他在旧上海当学徒，早早踏入了社会。工余，他曾在上海一些学校学习，最后学历是上海民治新闻专科学校二年级肄业。1951 年，沈昌文考入人民出版社。1986 年，三联书店恢复后，他出任总经理。他最为人知的也许是参与《读书》杂志的工作，如果说这份杂志的历史贡献难以抹杀，那沈昌文的名字就不会被遗忘……虽然他自谦地说自己有些成绩是"靠了点小聪明"，但在外界看来，恐怕不能不认为他是一个颇有人生智慧的知"道"之人；他见证了中华人民共和国 50 余年的出版史，且又广交天下名流，遍识各路神仙，其所知道的出版界、文化界的人与事，又何止千万？在《知道》一书中，沈昌文将自己从孩童时期起的一生行迹娓娓道来，涉及许多重要的人与事，引起了读者广泛的兴趣。

不过，沈先生这本自传多少有些单薄，算上图片、附录、后记等内容仅仅12万字，一些事情的叙述明显不够详尽，读者读来仍有不满足之感。沈先生说，做这本书，顾虑还是比较多的：第一，有些话现在还不能讲；第二，有的地方牵涉某些人物，担心引起不必要的矛盾和纠纷，就删掉了；另外，有些事情已经遗忘，即使知道的也只是局部。——中国人常说言多必失，沈先生的顾虑自然是有道理的，可以理解。不过，作为一个读者，也作为媒体中人，还是希望能从沈先生口中知道更多他所知道的。

问：《读书》杂志创刊号上发表了《读书无禁区》一文，影响很大，也引发了一些争论，这场风波是怎么平息下去的？

沈昌文：首先，书里面有个错，是我自己讲错了。关于《读书无禁区》一文原来的标题，书里写的是"读书也要破除禁区"，其实应该是"打破读书的禁区"。好在书里第108页有文章修改稿的复印件，读者一看就清楚了。

应该说，这篇文章是说要打破一些禁区，并非主张完全不设禁区。文章中也写到不能允许黄色书籍自由传播，这就是作者同意设定的禁区。但文章发表的时候，标题改得绝对了，当然也更有力了。在当时，这样的提法也有必要，那时禁区太多了，矫枉必须过正嘛。因为这篇文章，那期杂志卖得特别好，还重印了一次，这是很少见的。总的来说，争论主要因标题而起，文章本身写得比较周到，随着时间推移，事情也就过去了。

问：关于这篇文章的作者李洪林先生，您曾经说过，"记得《读书》杂志，不必去记得沈昌文之流，但不能忘记李洪林"。不知李先生后来的情况怎样？

沈昌文：李洪林当时是中宣部新闻出版局理论处处长，他思想非常解放，发表过许多很开明的文章。后来他离开中宣部，调到了福建省社会科学院。他现在已经退休。

问：《读书无禁区》发表于改革开放之初，今年是改革开放 30 周年，您觉得现在"读书无禁区"变成现实了吗？

沈昌文：你们可能不了解当初无书可读的情况，而现在书多得都看不过来，书多总是好事。那时，找不到书读，可真是苦恼。"文化大革命"的时候，全国没有停售的书也就一千几百种，连《安娜·卡列尼娜》都打成了毒草。"文化大革命"结束后，出版界做的第一件事就是重印了大量文学名著，使得当时的读者开始有书可读。现在书多了，读者就有了选择的余地，好像吃东西，你喜欢吃甜的就吃甜的，爱吃咸的就吃咸的，所以我个人对目前的大好形势欢欣鼓舞。

问：书里有绿茶、陈敏对您的采访，您对他们说："80 年代特别是初期挨批评，常常是因为思想跟不上潮流，跑慢了，因此总是被上级认为思想解放得不够。"是这样吗？

沈昌文：其实不好这么概括。主要是刚改革开放那些年，上面的政策不断在变。

有一个故事，书里没讲，可能我在别的地方提到过，说起来很有意思。80年代初期，我们老要去做检讨，下面也流传说，《读书》出事了，要停掉。正在我们很紧张的时候，1983年，胡乔木有一次讲话，那是在通俗读物出版会议上，他讲着讲着，忽然讲到《读书》，他说：《读书》杂志大家很有意见，这个杂志该怎么办呢？我看还是要办下去，要他们加强马列主义的学习嘛，等等。所以，新闻出版署赶紧根据这个精神重新研究《读书》怎么办下去，其中一条是，把一个党员沈昌文的地位升高了，变成执行副主编了。

这个事情过去以后，乔木同志给《读书》杂志投了篇稿，是他出版的诗集《人在月光下是美丽的》的序言。他完全是以普通读者的身份投稿给我们的，信中说：我写了篇文章，你们看看，能不能采用，等等。我就以编辑部的名义回信，对乔木同志来稿表示欢迎，并建议文章做两个改动，其中一个是把"我的拙著"中的"我的"两字删去。他又给我一封回信，同意修改，语气客气得不得了，意思是说，对他这样的人来稿，像对一般作者那样就好了，用语不必客气。后来，我到新闻出版署开会，"无意"之中，向署里的领导讲了乔木同志给《读书》投稿的事。不管怎样，《读书》最后还是过关了。

问：您在口述中谈到1954—1957年，人民出版社陈原等领导出版了"蓝皮书"。我们现在对后来的"黄皮书""灰皮书"已经有比较多的了解，"蓝皮书"出版的情况是怎样的？

沈昌文：这些书出版时并不是蓝皮的，只是计划是蓝皮的。

当时上面提出要学习日本明治维新以后的情况，要大量地翻译西方的学术著作，所以定了一个计划，明确提出要翻译一亿两千万字的著作，以三联书店的名义出版。这是一个很大的规划，当时有陈原、戴文葆等主持，我只是一个小伙计。我记得出版的第一本书是黑格尔的《小逻辑》，贺麟先生翻译的。第二本书是凯恩斯的《就业、利息和货币通论》，这本书一出版，学术界就有反对意见，为了平衡，又出了一本樊弘教授写的《凯恩斯的"就业、利息和货币的一般理论"批判》。这套书在1957年受到批判，然后就交给了商务印书馆出版，名字就是广为人知的"汉译世界学术名著"，所以说，"汉译世界学术名著"的历史是非常悠久的。我们党在1954年就提出了学习日本明治维新，是很有魄力的。做这套书的过程中，三联书店联系了一大批优秀的翻译人才，这也是很有意义的一个方面。

问：您如何评价自己一生从事出版工作的贡献？

沈昌文：在工作中，我从来不是主角，一直是配角。可以说，从懂事起到现在，做什么事情，我永远喜欢做配角。我从旁做了些事情，仅此而已。

问：您退休以后的生活是怎样的？

沈昌文：退休之后，我还是很活跃，尽管精力衰退，我还是一天到晚都在外面奔走。到我家里是绝对找不到我的。我的通讯处在三联韬奋图书中心二楼咖啡厅，要找我，或者有信件留给我，都在咖啡厅。我现在主要做的是很简单一件事情——做媒。我是上海长大的宁波人，我们宁波人喜欢做媒的，媒人常说的是包生儿子包生女儿什么的，而我现在的"做媒"是绝对不包生儿子包生女儿，多半是某家媒体让我帮助找人，我身上有个PDA（掌上电脑），立刻可以把王蒙、刘心武或者谁的联系方式调出来，至于后来他们谈成谈不成，我不知道，他们对我的慰劳就是请我吃一顿饭，这种事情比较多。为此，我就需要获得很多信息，我每天早晨四点钟就开始上网，一直到七点钟，我再睡一觉。在北京有一帮老头，我今年77岁，是其中最年轻的，大家都忙着互相传递信息，非常高兴。人家说好听的话，说我促进了什么书什么杂志的出版，其实我都不是主角。比如《万象》杂志，我一期都没有编过，我只是在咖啡馆里给他们一些创意，也帮他们联系了几个作者，像李欧梵等等。

（2008年5月21日）

《史语所集刊》，院士文章也不能免审

——访王汎森院士

如果要了解中国现代人文学术的发生、发展，尤其是历史学、考古学、语言学等学科的发展，《"中研院"历史语言研究所集刊》不可绕过。该刊创办于 1928 年，从广州、北平、李庄到南京，历经战乱，未有中辍，1949 年以后，在台湾继续出版至今，延续时间如此之长，在中国现当代学术史上极为少见。

该刊依托于"中研院"历史语言研究所，曾是陈寅恪、李济等学术大师的重要成果的首发之地，积累了崇高的学术声誉；该刊是中文世界中，极少数收入国际上权威的 A & HCI（艺术与人文科学引文索引）的学术期刊，被国际学界所推重……不过 1949 年以后，《集刊》移师台湾，大陆就很难见到，大陆各大图书馆甚至搜罗不到一套完整的《集刊》。中华书局在 1987 年曾影印出版过 1949 年以前的《集刊》，但 1949 年以后的《集刊》，身处大陆的学者并不容易看到，也无从利用。日前，中华书局与"中研院"历史语言研究所合作，将 1928—2000 年 200 多期集刊所刊文章全部按照现代学术分科，重新编排，影印出版了《"中研院"历史语言研究所集刊分类汇编》，使学界可以更方便地使用《集刊》这一学术宝库了。

《"中研院"历史语言研究所集刊分类汇编》的出版得到了"中研院"历史语言研究所的大力支持，尤其当时担任所长的王汎森先生在这一大型出版项目的实施过程中发挥了关键的作用，为此，我们通过电子邮件对王先生进行了采访。

问：《"中研院"历史语言研究所集刊分类汇编》在大陆出版，受到学界的广泛关注。您对这个出版工程得以顺利实施有什么感想？

王汎森：长年以来中国大陆许多学者、学术单位都抱怨读不到《史语所集刊》。1949 年以前的部分，中华书局翻印过一次，1949 年以后 60 年的《集刊》较难读到。过去购买不方便，还有价钱方面的考虑，对许多想读《集刊》的人是很困扰的。

因为史语所是一个将许多学科：历史、考古、古文字、人类学、语言学等合一的研究所，所以《集刊》的文章门类很多。老实说，如果手上没有一本分类目录，是不容易找到自己想要的文章的，而"分类目录"从未有人编过。

中华书局提议要印"类编"，将同类文章辑在一起，这当然是方便参阅，同时也使个人有能力就其专业相关的那几册加以购藏，用意良善。

我认为将来如果有机会，照《集刊》的原样一期出版一次。

问：《集刊》在中国人文学界以及国际汉学界享有盛誉，您觉得《集刊》取得巨大成功的经验是什么？

王汎森：《集刊》取得成功的原因很多，一时不易说清楚。首先，史语所是中国近代新学术的开山，而《集刊》是它的机关刊物，代表的是这一大群卓越的学者最重要的研究成绩。史语所能不间断地努力超过 80 年，几乎每一代都有出色人物，《集刊》存在 80 年的时间，在近代中国历史中都是不易见到的。

另外，史语所及《集刊》始终与中外学术界的顶尖学者保持密切联系，这一点在《集刊》中也有所反映。

据我亲自参与编务的这些年的观察，《集刊》的作业过程大体上非常严格、非常谨严，参与《集刊》编务的研究同仁常常抱怨在这上面花太多时间。我也提醒大家，史语所除了《集刊》之外，还负责英文的国际知名期刊 Asia Major，中文的还有《新史学》及《古今论衡》，过去几位同仁还负责《大陆杂志》（后来停刊），所以工作量是很大的。

问：请介绍一下目前《集刊》的一些情况：《集刊》行政隶属如何？每年出版几期？每期发行量多大？在大陆及欧美的订户占多大比例？

王汎森：《集刊》行政隶属是史语所的编委会。史语所有一个编委会，负责全所的出版品。史语所的出版品中除了 Asia Major 这个英文刊物、"历史文物陈列馆"的出版品或特殊性出版品外，其他的所内出版物都要到这个编委会来报告、讨论、通过。

目前编委会由三群人构成，同仁选出的编委、由主管同仁担任的编委、所外专家。

《集刊》每期大约印一千本。可能是因为汇兑上的困难，大陆没有订户，但有七八十个长期交换的单位，欧美、日本等地有一百个左右的长期订阅或交换的学术单位。学术刊物与畅销书不一样，印量通常不大，发挥影响力也不在一时。

问：《集刊》采取怎样的评审制度？《集刊》在维持、提高学术质量方面有哪些措施？

王汎森：文章收到后，常委会开会推荐一串审查名单，照名单送至少两位审查。如果一正一负，则送第三位。在编委会中，针对每一篇文章还有一位执行编辑，负责通读全文并与审查意见作比较。最后，文章必须经全体编委共识才能印行，有时候甚至还动用投票。

这个形式是不是最好，我不敢说。早期我刚进所时，《集刊》似乎是陈槃老先生负责的。槃老在通读每篇文稿之后批下"可刊""不可刊"，或写"读后记"。有时"读后记"太长了，还成为单篇文章发表。槃老年纪很大之后较少到所上班，我有一位同事曾经担任编委会秘书，常常到他家记录他的批示。后来似乎也有同仁中某院士为了审查意见太过严苛，要求院士的文章免审，但是这个提议或者没有通过，或者通过之后只实行了一段时间，最后是一律要审、一律公平。某任所长的文章就在他任内被退，我也曾撤过稿。

此外，编辑作业过程也非常严。现在编委会的工作人员真是"心细如发"，我不时碰到有人抱怨他们太过挑剔，但是也有人大感佩服。

问：历史上，《集刊》曾有一期刊用一个作者多篇文章，乃至由一个作者"包圆儿"，于是出现"陈寅恪专号""王叔岷专号"的情形，这在当今的期刊界是不可想象的。

王汎森：《集刊》早期确实有一期里面多篇陈寅恪先生文

章的情形，我粗算了一下，陈先生在《集刊》发表过 60 几篇文章。近几十年来在台湾的学术期刊变化很大，这种情形已经不可能了。

事实上，如果仔细观察一下，20 世纪初叶几个重要汉学刊物，都有"一人通包"的现象。我印象中伯希和刊于《通报》上的大、小文章恐怕有几百篇，高本汉在他自己办的《远东博物馆年刊》上的文章有 60 多篇，据他的学生马悦然在《我的老师高本汉》一书中统计，共达 3500 多页。早期的刊物往往是专人负责，那个刊物"成也由我，败也由我"，个人色彩比较浓，有时候虽然不尽严谨，但通常比较能见精神。这种情形完全不可能再出现，而且这是全世界共同的现象。

近十几年来，台湾的人文及社会科学学报受美国学术刊物及学术指标的影响非常大。现在台湾也建立了两种指标，想要进入这两个指标的刊物，从编委会的组成、论文格式的统一、内外稿的比例……都规定得非常仔细。在这种规范下，恐怕连一期之内出现同一位作者的两篇文章都是不允许的。

问：目前《集刊》接受稿件的范围是仅限于台湾地区，还是包括中国大陆和国际学界？《集刊》今后和大陆学界会不会有更多的合作？

王汎森：《集刊》原来具有同仁刊物的性质，早期的作者以史语所同仁为主，近年来则是面向全世界，所以每年收到中国大陆的稿件也相当多，国际上的稿件也不少。史语所出版的另外一份世界知名的汉学刊物 Asia Major 使用的语言是英文，所以国际上的学者往往投稿到这个刊物。

　　史语所所长是《集刊》编辑委员会的当然主席，所以六年来我主持过无数次编委会，这个工作是相当繁重的。从这些会议的经验，我注意到许多学界的朋友一看到是为《集刊》审查，会自动把标准提高，（我曾经见过一位日本学者写的审查表，在"拒绝刊登"那一栏的上面加注了一行字："这是《史语所集刊》！"）所以很多成名的学者反而不大敢将文章寄到《集刊》来。我想借这个机会呼吁，我们的作业一向非常保密，投、退稿皆保密，没有什么面子问题。而且《集刊》连史语所所长的文章都敢退，没有什么颜面的问题，所以欢迎大家来稿。

（2009年10月21日）

川西羌族：“弟兄祖先历史心性”的启示

——访王明珂教授

《羌在汉藏之间——川西羌族的历史人类学研究》（中华书局 2008 年 5 月第一版）无疑是一本专业性很强的学术专著，其主要读者应该是民族史、人类学等领域内的专业人士。不过，这本书的出版几乎和“5·12”汶川大地震的发生同时，必将引起更多人的关注。因为，该书所描述和研究的川西羌族的聚居地正是这次震灾肆虐的地区，汶川、北川、茂县、理县……这些在国人心中留下深刻印记的地名，一一出现在书中，格外刺目。

“当今中国西南少数民族之一的羌族，人数在 30 万左右，主要居住在岷江上游及其支流两岸的汶川、理县、茂县、松潘等地。另外，与岷江上游一山之隔的北川，也有部分乡镇人口被识别为羌族。”该书开篇写道。据报道，在汶川大地震中，共计有 2 万多羌族人去世或者失踪，占羌族总人口数的 10%。另外，川西羌族人民的财产、文化也在这次地震中遭受重创。目前，灾区重建工作已次第展开，如何帮助这个“云朵上的民族”从灾难中恢复，如何拯救与保护羌族文化，也成了有关各方非常关注的议题。

《羌在汉藏之间》一书的作者王明珂先生多年来研究川西羌族，汶川、北川等地，他几乎每年都会去住上一段时间，他在那里也结识了很多的羌族朋友。地震发生后，他对灾区的情况非常挂念，那里的恢复、重建工作也是他特别关心的。日前，在王明珂先生来京讲学之际，记者对他作了专访。他说："对于救灾工作，我能贡献的力量很有限。但是，我希望通过自己的研究和著作，让世人对羌族有更多的了解。他们的历史、他们的存在，对中国是有极大贡献的。"

问：您怎么会选择了川西羌族作研究呢？

王明珂：这个要追溯到我硕士研究生的阶段。我读的是台湾师范大学历史研究所的研究生，在研二的时候，我修了管东贵先生的课。他是研究汉代羌族历史的，在他的指导下，我选择的硕士论文题目就是《中国古代姜、羌、氐羌的研究》。当时，我主要是通过古文献，如甲骨文，来研究这个题目。研究过程中，我懵懵懂懂，有很多问题觉得很困惑。那时我自己的理论知识积累很不够，没办法把自己想到的一些问题讲清楚，身边的师长好像也不能理解我提出的问题，自然帮不上忙。

后来我到哈佛大学读博，指导老师是张光直先生，我主要选修了人类学方面的课程，如族群理论、游牧人类学、经济人类学等。那时候，族群理论在西方学界刚刚崛起，很受重视。经过一番学习之后，我思考羌族的问题，整个思路就变了。我的博士论文还是写羌族，但里面所用的概念、研究的架构却是全新的。其中核心的变化是，我认为，羌是华夏对其西部边缘很大一个人群的泛称。

问：就是说，在历史上，羌并不是等同于今天我们所说的羌族？

王明珂：是的。华夏民族在形成的历史过程中，称呼西边的那些异族如西方牧羊人为“羌”。商代甲骨资料中羌人所处的区域是河南西部、山西南部和陕西东部一带。公元前11世纪，周人崛起于渭水流域，而周人中非常著名的“姜姓同盟”（姜子牙属于这个集团）就被后世看做是羌人。周灭商之后，周人与其盟友逐渐东方化，变成了华夏的一部分。这以后，“羌”这概念所指的地域继续向西漂移，大概到了陇西一带。在汉代，华夏的势力继续向西推进，“羌”这个地理人群概念又扩及河湟地区（黄河上游与其支流湟水流域）。到东汉、魏晋时期，被称为“羌”的人群广泛分布在青藏高原的东部边缘，少数也分布在北部边缘。生息于此的人们语言、文化可能会有很多共同点，但因为这一地域狭长广大、地形复杂、相互隔绝，人们各方面的差异也很大。从族群理论出发来看，那时所谓的羌人是不可能形成共同的民族认同的。所以，历史上“羌”或“氐羌”的概念，一直是华夏心目中西方族群的概念。

问：历史上有华夷之辨的说法，居于中心的华夏称西方的人群为“戎”，那“戎”与“羌”这两个概念有什么差别？

王明珂：“戎”是一个更为笼统的说法，主要指的是中国西北的族群。“戎”与“羌”这两个概念有交叉、混杂的地方，所以有“羌戎”的说法。

总的历史图像是这样的：在东亚大陆上，原来广布着许多古老人群，他们在语言、文化上有共性也有差异。后来经过复杂的历史变迁，春秋战国时东边形成了华夏民族，并继续往西扩张，将许多西方古老人群都纳入华夏之内。东汉魏晋时华夏的西部族群边缘推移到了青藏高原的东缘，于是这儿未成为华夏的那些古老人群就被华夏称作羌人。公元 7 世纪时，原在"羌人地带"西南（藏南）的吐蕃兴起，建立了一个强大的王国。吐蕃王国溃解后，其宗教文化势力继续东进，于是在此过程中青藏高原东缘残余的古老人群又有一部分被"吐蕃化"了。这样，在汉藏之间，就形成了所谓的"藏彝走廊"，其间生存着很多人口比较少的民族。通过语言学的考察可以证实，"藏彝走廊"里的各个民族在语言上有些底层共性，他们都被认为是古羌人的后裔。所以，古老的"羌人"在历史中曾遭遇两种变迁趋势：东边的逐步汉化，融入了汉人；西边的逐步藏化，融入了藏人。而保留下来的羌人仍不断受到汉藏的影响。从《羌在汉藏之间》书中的图片也可以看到：地理上偏东的北川羌族，无论男女老幼，穿着都与汉人无异；而地理上偏西的茂县羌族，服饰与藏人很相近。所以，这本书揭示的一个要旨便是：古华夏与今之汉族都认为"羌"为我族之一部分但为我族边缘，古之吐蕃与今之藏族也都将青藏高原东缘的"朵、康"各族视为我族之一部分和边缘。事实上，"羌"与"朵、康"指的都是青藏高原东缘的地域与人群。也就是说，汉藏之间原有一个模糊的、共有的边缘，如此更能说明汉藏难以分割之关系。我认为，汉藏对这个共同的边缘都应该珍惜。

　　问：因此这本书才取名为《羌在汉藏之间》？

　　王明珂：对。

问：您在书里梳理的"羌族史"似乎可以归纳为三种：一种是古代典籍中关于"羌"的历史记载；一种是近代国族主义观点下建构起来的"羌族史"；一种是今天的羌族人自己的历史记忆和历史叙事。这样一番分析，近于一种"建构论"，而非"历史实体论"。正如您在书中所说，"近三十年来的人类学族群研究，说明无论'族群'或'民族'，皆非客观的体质、语言与文化所能界定"；所谓"一个民族实体在时间中延续的历史"，恐怕是靠不住的。这样一来，是否取消了"民族""历史"等概念的实在性？

王明珂：其实不完全是这样。对于"民族"这个概念的理解有两种，一种是按体质、文化、语言等客观的特征来划分的人群，另一种是强调建立在共同历史记忆上的有共同认同的群体。费孝通先生1988年曾提出一个重要观念：民族有一个从"自在的民族"到"自觉的民族"的演变过程。所谓"自在的民族"，比如古羌人，当然存在。而所谓"自觉的民族"，其群体认同建立在共同的历史记忆基础上；羌人的后裔分布在从青海南部到云南北部的狭长地带上，在近代以前，不可能拥有共同的历史记忆，也就不可能成为一个"自觉的民族"。

我认为自己做的并不是后现代主义的"解构"，而是一种反思性的研究，是一种"再建构"，即建构一种新的知识体系来认识我们当今的存在。与20世纪上半叶以来建构起来的民族知识相比，我的理论能更好地解释民族延续与变迁的历史。同时，我建构的知识也是一种反省与反思性质的知识。比如，《后汉书》里把羌人说成炎帝的后代，隐含的意思是，华夏把羌人看做我族的一分子（炎黄子孙），但又视之为被打败者（炎帝败于黄帝之手）的后代，这样就把羌人边缘化了。中古时的藏文书作者，提出所有吐蕃部族出于六个弟兄，其中两个坏弟弟被驱逐到与大国接壤之地，成为当地部落人群的祖先。这指的仍是青藏高原东缘的朵康之人；反映着，在核心藏人眼中朵康之人也是本族的一部分，但亦为本族边缘。我想，对于历史上这种大汉族主义与大藏族主义，我们还是要有所反省的。

问：您的书中有一个概念叫历史心性，您认为羌族村寨中的"弟兄祖先故事"隐含了某种历史心性。"历史心性"这个概念应如何理解？

王明珂：我所称的"历史心性"是指流行于群体中的一种个人或群体记忆、建构"过去"的心理构图模式。某种程度上，历史心性决定了何种历史以怎样的方式被建构起来。

在羌族村寨中，问到他们的"过去"，经常听到的就是一种"弟兄祖先故事"。譬如在一条沟里有三个寨子，你问他这些人是怎么来的，他会说：从前，这里没有人住，后来有三个兄弟来到这里，各建自己的寨子，繁衍自己的子孙；我们就是这三兄弟的后代。或者，相邻的有六条沟，他会说：从前有六个兄弟来到这里，各占一条沟，他们分别是这六条沟的祖先。诸如此类。我们可以察觉到，"弟兄祖先故事"似乎在当地是一种"历史"建构模式。我有另一本书叫《英雄祖先与弟兄民族》，就是从羌族的"弟兄祖先故事"模式来反思华夏民族的"英雄祖先历史"（比如司马迁创立的"纪传体"就是以"英雄祖先"传记为主体的历史书写）。这是两种不同的"历史"建构模式，实际上，这反映了两种不同的历史心性。这两种不同的"历史"建构模式产生于并造成完全不同的社会。在"弟兄祖先历史心性"的社会中，不同族群是对等的、合作的、相互对抗的；在"英雄祖先历史心性"的社会中，其产生的历史记忆，会有征服者与被征服者、老居民与新移民等等区分。所以，对羌族的研究提示我们，每种历史都是在特定模式下被记载下来或者说被"建构"起来的。就羌族而言，他们不太会去记那些英雄、征服者和战争，他们选择了遗忘；而人们永远生活在沟里面，几个村寨人群既合作，又区分，又对抗。实际上，在华夏形成的早期，我们的先人也曾考虑用"弟兄祖先故事"这种模式来建立历史，比如《国语》就说黄帝与炎帝是兄弟，但后来这种模式被放弃，炎帝变成了黄帝的手下败将。又比如，记述巴蜀地区历史与地理的著作《华阳国志》里写道，人皇兄弟有九人，人皇自己居于中州（即中原的华夏），他的兄弟们分居于八方边缘，占据巴蜀的即是人皇的一个兄弟。由此看来，"弟兄祖先故事"的历史叙事模式其实也是很普遍的。我想，川西羌族历史文化资源中最可贵的一部分，就是其"弟兄祖先历史心性"。在今天，它也是中华各民族互称"兄弟民族"这一话语深层的社会文化根源。

问：您在书中写道，羌族把大禹、李冰、周仓、樊梨花等作为自己的祖先，这些说法有多少真实性？有何涵义？

王明珂：这些说法的真实性当然不可考了，但其背后的意味却很深长。比如，有些地方的羌族认为周仓是他们的祖先和神，而关羽是汉人的祖先和神。你不要把这看做一种无稽的说法，你要去思考他为什么会这么讲。在中国的民俗故事中，周仓与关羽有主从关系，周仓永远手捧关羽的刀，忠心耿耿地站在后者身边。这个形象很符合羌族人民心目中，"我们是汉人的忠实帮手"这一自我意象。另外，在访谈中，他们对自己民族也很自豪而常自夸。比如，羌族把大禹和李冰视为自己的祖先，就有自视为汉族的拯救者的意味。樊梨花的故事也一样，这是一个异族女子爱上来自文明核心的男人的故事，但对羌族来说，它凸显了"羌族是汉族的拯救者"这样的羌族自我意象（唐军得樊梨花之助，才击败了西番）。

问：作为一位长期的羌族研究者，您对羌族文化的保护有何建议？

王明珂：我想，对于那些与现实生活已经脱节的文化，即文化遗产，我们当然要尽量地加以收集、保护，然后放在博物馆里、收到书里，乃至数字化后放在网上供大家了解、研究。还有一部分文化是与现实生活密切结合在一起的。对于地震灾区的羌族来说，一个关键的问题是现在如何安置他们。如果整体移民的话，可能会造成一些羌族文化与新环境不相适应，这部分文化也可能变成文化遗产。但我觉得，我们不能为了保护一种文化，而硬要一些人维持原来的生活。所以，一方面要看国家如何安置他们，一方面也要看他们自己如何选择。

（2008年6月25日）

从一般新名词研究到"概念史"

——访黄兴涛教授

"凡解释一字即是做一部文化史",这是著名史家陈寅恪先生所说的一句带有方法论意义的耐人寻味的话。2009年,中国人民大学教授黄兴涛先生以一部书为这句话做了一个注脚。在《"她"字的文化史》中,黄兴涛系统梳理了现代汉语中"她"字的发明、早期书写实践及得到社会认同的历史过程,并在此基础上探讨了有关汉语的现代变革、女性意识的觉醒等问题。该书材料功夫扎实,分析评论精到,读来趣味盎然,出版后受到了广泛好评。

近日,黄兴涛先生出版新作《文化史的追寻》(中国人民大学出版社,2011年5月第一版),收录的11篇文章中,既有对文化史、思想史、概念史、话语分析等研究方法的理论反思,也有对"文明""文化"以及"黄色"等近现代史上重要名词、特色概念的个案研究,相对集中地呈现了作者在"概念史"研究方面的探索。

问:您的书中讲到,概念史研究方法在20世纪60年代的德国就已成形,请问您在什么时候开始接触到这一方法的?能否讲讲您理解和运用这一方法的个人史?

黄兴涛:我的概念史研究时间并不长,而新名词研究则已有十几年。我是由涉及近代诸多概念的新名词研究入手，逐渐具有概念史研究自觉的。从 20 世纪 80 年代读研究生开始，我的专业方向就一直是中国近代思想文化史。刚读研究生那会儿，特别喜欢看郭沫若研究中国古代社会的东西，他常常把古代的文字、语词作为分析工具来讨论当时的社会制度，从文字构造所含的信息来认知古代社会，我觉得很有意思。当时就想，研究近世中国，虽不像研究先秦那样缺乏材料，因为它离现代很近，保留了很多实物，很多档案、文书、报刊、文集等，故不必一定要从语词等方面去做文章，进行"历史勘探"，但新语词的解读，或许也可以作为认知这段历史丰富内涵的手段之一，至少它可以增加有关历史认知的生动性，呈现其中某些微妙、复杂的内蕴。特别是近世中国为中西文化的交汇期，出现并逐渐流通开了一些反映新事物、新观念、新制度的新语词；一些旧语词在使用中也被赋予了新的意义，它们应该都不同程度地具有保存某些独特的历史文化信息的功能，解读它们，恐怕不乏意义和趣味，就像研究唐宋时期那些打上佛教烙印的语词如何影响中国文人的思想、诗文创作那样。但当时，我还根本没有概念史的明确概念，只是想从新语词的角度，来认知和解读有关近代历史而已。

　　我开始对近代新名词的资料进行有意识的收集，试图解读，得益于陈旭麓先生的直接启发。陈先生是《近代中国社会的新陈代谢》一书的作者，也是当时我最佩服的才华横溢的史学大家。他 80 年代有篇文章叫《辨"夷""洋"》，从这两个字词的内涵、使用习惯的演变及其前后更替，来透视当时士大夫的心态和中国国际地位的变化历程，看后觉得非常精彩，于是就有意识地开始收集这方面的资料，也想模仿他，进行类似的历史探索。1997 年，意大利汉学家马西尼关于近代中国外来词的专著被译成中文，题为《现代汉语词汇的形成》，这给我一个刺激和动力。我在批评这部书的过程中，开始陆续发表一些相关的论文，如关于"支那""美学""文凭"等词和概念的研究，就是那几年完成的。但这样一个一个词的考查，显然不是我所追求的目标，也不能鲜明地体现历史学的特色。我清醒地感到自己必须有史家的问题意识，比如这些新名词与当时的社会历史之间是什么关系？这就要求我的研究有一个整体的宏观的视野和问题关怀。2000 年，我申报了一个国家社科项目并得到批准，题目叫《近代中国新名词的形成传播与学术文化的现代转型》。我想把新名词的大量出现作为一种文化现象，看它和整个学术文化变革的历史关系是什么。这样的问题意识，使我不得不考虑新名词的构成及其在近代形成初期的特定语境和功能问题，也就是新名词如何与当时的思想文化、社会政治进行互动。

2002 年，在人民大学清史研究所发起召开的"我们需要什么样的新史学"的会议上，我作了《近代中国新名词的思想史意义发微》的发言，不久同名文章得以发表，我在文中明确提出了新名词由词汇、概念和话语组成的立体结构。那时，我不仅强烈感受到名词的概念内涵及其思想功能的把握在新名词研究中的重要地位，而且明确意识到，自己的新名词研究与郭沫若及其传统汉学中那种仅通过揭示字词中的历史文化信息的不同之处，恰正在于此。与此同时，我还展开了以"中华民族"

概念为认同符号的有关思想观念史研究，尽管当时仍不完全清楚概念史为何物。

我真正了解概念史是在 2003 年。此前只知道关键词研究与此仿佛。那一年我有机会去哈佛燕京学社访学。刚好前一年美国出了一本书，作者是德国概念史的重要发明人柯史莱克。他多年来有关概念史的论集被翻译成英文出版，叫《概念史的实践》（ *The Practice of Conceptual History* ），后现代史学理论家海登·怀特为之作序。我特别喜欢此书和这种概念史，它不仅使我的有关研究获得了"史学"的合法性，而且使我有关的研究思路因此变得更加清晰和多维，方法也更加具体而明确。概念史是什么意思？简单地说，就是研究历史上特别是社会文化转型时期，那些重要的政治和文化概念如何生成，内涵如何变化，人们如何接受和加以运用，它们又怎样通过实践，对社会政治和文化发展产生影响等等。

有了概念史的理论自觉之后，我的新名词研究发生了明显的变化。我开始探讨清末民初新名词新概念的现代性问题，现代"社会"概念在中国的认同，现代"文明"和"文化"概念在晚清民初的生成、实践，及其与戊戌思潮和五四新文化运动的关系，以及"民族""宗教"等概念的形成与运用等等问题。我关于"她"字问题的研究，实际上也使用了重视其相关概念、平行概念、相反概念，以及概念认同和实践过程等概念史方法。可以说，概念史的自觉增强了我新名词研究的深度。今后我还会陆续进行一些这方面的探索。但我的新名词研究也不会完全局限于所谓概念史。

问：近代以来，中国从传统社会向现代社会迁移，伴随着这一过程，有一大批新词（或者旧词新意）流行开来，像"革命""改良""科学""民主""个人""阶级""封建"等等，所以您认为，概念史的方法是非常适合引进到近现代思想文化史的研究中的。过去语言史、翻译史也很关注名词流变的历史，概念史的方法同一般语言史、翻译史中相关的研究在旨趣上有什么不同呢？在历史学内部，概念史究竟属于社会史，还是文化史、思想史？

黄兴涛：柯史莱克就认为，概念史研究特别适用的历史范围，就是从前近代到近（现）代社会的转型时期，因为这一时期的概念体系加速变化转型，信息和文化传播逐渐大众化，概念的意识形态化和政治化的趋势也更加凸显。他所主编的《历史的基本概念》所收的德国概念，时间段就是文艺复兴到19世纪初期。他要探讨的就是近（现）代概念的建立问题。中国近代的这一特定时期，也具备相似的条件。而且由于中西日互动的语言文化特殊背景，中国的近（现）代概念体系的建立，还带有有别于西方的中国特色，这就更增加了概念史研究内蕴的丰富度。所以我认为，这一方法特别适合引入到近代中国的思想文化史研究中来。

至于概念史的语词研究与一般语言史和传统翻译史的相关研究有何差别，则很难说得很明晰。大体而言，正如前面所提到的，它强调概念及其概念群的实践和社会政治文化功能的历史分析与揭示之志趣，与传统语言和翻译史研究还是有所不同。它所关心的不是一般语词的词性、类型、结构等问题，而是它们与社会、政治与思想文化等的历史关系。比如，像"小时""分钟""秒""星期""世纪"等时间新词与近代时间观念变迁之间的历史关系；再比如，"商务""商学""商校""商战"等近代新词的形成、传播与近代"重商"思潮的关系（这些词有内在地肯定"商"之正面价值的功能，当说"商学"的时候，实际上含了一种意思："商"是一门学问，是值得专门成立学校来传授的。表面上看词是价值中立的，其实不然。这些由商字构成的系列新词在传播中，无形中就认可乃至传达了商业的意义和地位却不自知）之类问题，一般传统语言学的词汇史，大约是不谈或少谈的。

概念史的研究，属于语言学和历史学、哲学等学科的交叉性质。社会语言学和文化语言学也有学者向这方向努力。在近代中国新名词的思想文化史研究方面，国内外的语言学家，有的还是开拓者。如华中师大的周光庆教授所写的《汉语与中国早期现代化思潮》一书，就是此类研究较早的专著。旅日语言学者沈国威和陈力卫的有关研究，也较早而精彩。当然，在这类研究上，历史学者也有自己的优势，比如在全局把握和材料占有方面，一般说来就享有一定的有利条件。语言学家的专长，我们必须学习。总的说来，概念史研究要打破学科界限，从问题出发，尽量吸收多学科的知识，才有望取得更多的成绩。

在历史学内部，概念史研究表面上似乎属于思想文化史的范畴，但实际上具有社会史和思想文化史的交叠性。在概念史的鼻祖柯史莱克等人那里，概念史最初乃是社会史的"新开展"，他们既不满足于忽略思想观念独特作用及其方式、一味注重经济和制度分析的传统社会史，也不满意于只关注精英观念、不在意流通广泛的重要社会政治基本概念的传统思想史，可以说其努力，是某种意义上的双重超越。也正因为如此，概念史的实践，具有一种融合思想文化史和社会史的积极功效。由于西方的社会文化史或叫新文化史，以会通社会史、思想史和文化史为职志，故在西方，概念史也常被视为新文化史的重要倾向之一。

问：目前，在近代中国思想文化史领域，从事概念史研究是否已形成一种潮流？您如何看待概念史研究的前景？

黄兴涛：我以为，最近几年，关于近代中国的概念史研究，经过许多学者的提倡和实践努力，的确有了一点实绩和一些起色。这应归功于所谓"语言学转向"对历史研究的影响。但还远谈不上形成一种潮流。即便在近代中国思想文化史的研究领域，也很难这样说。概念史研究有待耕耘的地方还很多，还大有可为。同时，概念史研究的方法也是多种多样的。不仅柯史莱克为代表的德国学派与斯金纳所代表的剑桥学派之间存在差别，在现有的近代中国概念史研究有成绩的学者，像冯天瑜、金观涛和刘青峰、孙江、方维规、沈松侨、章清，还有不少更年轻的学者当中，研究各呈特色和风采。风格各异，互相补充，我以为正是概念史研究的希望所在。

另一方面，概念史研究的范围又是有限的，它远无法包含中国近代史研究，甚至是思想文化史研究的广阔内涵。它可以为近代史研究添彩，但若一窝蜂都搞这类研究，就会让人厌烦。

此外，概念史研究也是很难的，在"浅尝"的过程中，我就常有力不从心之感。因为它对语言修养、史学功夫和思想能力的要求实在是太高了。无疑，它是值得我们前赴后继、不断积累的事业。

问：您在《"她"字的文化史》后记中说，您在讲述"她"字故事的基础上，试图去"揭示一些相关的历史联系，有节制地发表一点分析评论"，我对其中的"有节制"三字印象深刻。"概念史"离不开阐释，那么我们如何避免过度阐释，这个"度"在哪里？

黄兴涛：对事情真相进行判断、揭示事物之间的联系，这是史学家要干的事情。真实是史学的生命。我们不可能弄清事情的全部真相，但是我们要尽力，这是社会赋予我们的责任。事情的内涵是有很多方面的，这就是为什么千百年来同样的事有不同的历史学家反复研究。历史学的任务，其实是不断反思性地再现过去，不同的人在不同的时代只能揭示其中的某些面相。很多历史学家认为只要弄清历史真相就好了，完全不需要阐释和评论。可历史学家为什么存在？因为社会需要一个"事后诸葛亮"。我们何必那么清高地站在历史之外？在掌握材料之后，可以做一些必要的勾勒、揭示乃至分析，这是应该的，但是不能过分。不能太多地把个人感觉、好恶评判带进去，太多了就过了。我所谓"有节制"，就是自觉不要离开事实本身去畅怀发挥，反复饶舌，过度阐释，而是紧扣史事，略作提示，点到为止，把更多思考和联想的空间，留给读者。

问：以前一直不很明白"黄色"这种颜色为什么会用来指称淫秽、色情的东西，虽然也想到可能与西方新闻史上的"黄色新闻"一词有关，但终究不甚了了，这次读到您书中《畸变的历史：近代中国"黄色"词义变异考析》一文，才算彻底解开了心中的疑团。是否可以说，"黄色"一词成为淫秽、色情的代名词是一种不该发生的误用？语言世界的逻辑是约定俗成，恐怕我们今天也无力去纠正这种误用吧？

黄兴涛：我觉得色情义的"黄色"的确是历史的误会，也可以说是误用。一、它不是西方真正意义上的"yellow"的原义。西方贬义的"黄色新闻"概念中的"黄色"，意思为耸动听闻、刺激感官之义。英美人说淫秽电影，也是"blue movie"。二、它违背了中国尚黄的传统，即黄色的"高贵"正统含义。所以我说它是双重"畸变"的产物，很典型地反映了近代中西文化交汇的那个时代中国文化的悲剧命运的一面。最近几年，不断有人呼吁，不要再麻木地以"黄色"继续作为淫秽色情的代名词了。我觉得很有道理。但是他们的呼吁似乎至今官方并未理睬。我以为，除了"习惯成自然"的语言规律发挥作用外，一个重要原因，乃是人们没有真切了解"黄色"一词发生畸变的具体过程、特殊背景和历史契机之故。

现在，如果让我离开历史学者的本务，去做些主张，那我们应不应该纠正它？我觉得应该。就像你说的，有的已社会化的、无关大雅的东西，自然不需要纠正。但是我觉得"黄色"关乎大雅。如果要与几千年的文化接洽，我还是建议语委会不用这个词。这个词关系到文化传统，或许还涉及民族自尊。毕竟我们是黄种人。约定俗成的力量固然是很强大的，但是也是可以改的。约是人约的，要改还是改得了。我们可以也应该修正一些不妥当的东西，这需要语言学家严正的呼吁。

（郭倩对本文亦有贡献）

（2011年8月3日）

口述历史能否给予"历史的真实"

——访左玉河研究员

问：近年来，国内出版了不少口述史图书，如《吴德口述：十年风雨纪事》《雪域求法记：一个汉人喇嘛的口述史》《这个世界会好吗——梁漱溟晚年口述》等，都受到学界和读者的欢迎和关注，口述史的写作和出版有走热的趋势。请问如何看待这个现象？为什么会有越来越多的人热衷于写作口述史作品，这些作品又如此受到读者青睐呢？

左玉河：目前，口述历史甚为火爆，图书出版界出现了"图说史大出风头，口述史一枝独秀"的新格局，各出版社以发行"口述历史"书刊为时尚。这种现象说明口述历史不仅受到了学界的普遍重视，而且得到了社会各界的广泛关注。

越来越多的读者青睐于口述历史作品，原因有三：一是口述作品涉及的人和事，多数是过去人们了解较少的，带有一定的"揭秘"性质，当事人生动的口头叙述，既满足了人们的探秘心理，也有助于人们了解历史的真相；二是非常注重对历史细节的回顾与描述，历史的丰富性和鲜活性得到了彰显，从而将枯燥的历史还原成有血有肉的历史；三是这些口述史作品，语言生动活泼，图文并茂，符合一般民众的阅读兴趣，具有很强的可读性。

　　问：传统的历史文本主要是由历史学者依据对文献的考证和分析来撰写的，口述史兴起既扩大了历史写作者的队伍，也拓展了史料搜集的范围，对传统的史学工作有所突破，该怎样看待这种"突破"？

　　左玉河：口述历史的兴起不仅拓展了史料搜集的范围，将活生生的口述史料整理并保存下来，为史学研究提供了必要的线索及必备的资料，而且扩大了历史文本的写作队伍，对口述史有兴趣的非历史专业的新闻记者、社会调查者及作家，都可以进行口述历史访谈，可以搜集、整理并刊印口述历史文本。任何人经由口述历史课程、培训班的专业训练，都能进行有用的口述史料搜集。

　　口述历史的兴起，标志着当代史学研究的视野，从单纯的文献求证转向社会、民间资料的发掘，出现了关注社会下层、"自下而上看历史"的新视角，意味着历史学研究观念的转换和研究方法的更新，为历史解释的多样性提供了现实的可能性。

　　历史文本的书写，不再是历史学家的专利，历史的创造者同时也成为历史的记录者和见证人；历史的创造者与历史的研究者共同书写着刚刚逝去的历史的文本，客观存在的"本然的历史"与历史学家撰写的"历史的文本"之间结合的程度由此加深了。

　　问：如何给口述史下个定义？口述史与新闻记者所做的访谈、与社会学人类学学者所做的田野调查有什么区别？

　　左玉河：要区分口述史料与口述历史这两个概念。凡根据个人亲闻亲历而口传或笔记的材料，均可称为口述史料；它可以呈现为口传史料、回忆录、调查记、访谈录等形式，但不能称为口述历史。口述历史概念的内涵是：搜集和运用口述史料，再现历史发展过程的某一阶段或某一方面。口述史料限于提供种种研究历史的素材，口述历史则着重于以自己独有的方式阐释历史。因此，口述历史是研究者基于对受访者的访谈口述史料，并结合文献资料，经过一定稽核的史实记录，对其生平或某一相关事件进行研究，是对口述史料的加工、整理和提升，而不是访谈史料的简单复现。

目前出版的口述史作品主要有三类：社会学家用田野调查方法整理的成果、文学工作者用新闻采访的方法采制创作的口述作品、历史工作者用口述访谈方法整理的口述史著作。前两者更多地是把"口述"视为一种手段，关注叙述背后的文化意义；后者则是以记录历史或研究历史为出发点，除依据口述者的讲述外，还要查证大量文献档案加以互证，整理出文字记载的口述文本。这是口述历史与新闻记者及社会学人类学访谈的差异所在。

问：人的回忆往往不可靠，并且不可避免地带有主观性，那么，从历史学的角度，从普通读者的角度，该如何看待口述史的真实性呢？口述史作品吸引人的一个地方，或许是它传达出口述人的倾向、情绪，因而平添一种真实感和生动性，似乎，关于历史的"主观表达"要比"客观叙述"更好看，是这样吗？

左玉河：口述历史具有源于记忆、主观性较强、不够稳定等特点,故不断受到人们的怀疑和误解。人们不止一次地质问我:口述历史能否给予"历史的真实"? 我的回答是:口述访谈中纯粹的中立和不介入是不可能的。

口述历史是要访谈者和受访者共同参与才能完成的。真实是口述历史的价值所在,但口述历史要求的真实,不仅仅是口述访谈录音整理的"真实",更重要的是受访者所口述的"历史内容"的真实。因此,整理访谈录音无论再"真实"、再"原汁原味",也无法保证口述"历史内容"的真实;口述历史的真实与否,主要取决于受访者口述"历史内容"的真实与否,而不完全决定于整理者是否忠实于访谈录音。

要求受访者所讲的一切都符合"客观事实",几乎是不可能的。即使口述者无意作伪造假,而是抱着实话实说的真诚,但因为其当时的见闻条件、记忆在一定程度上的必然失真,以及不可能不加进的主观因素等,对历史事件的忆述也不可能完全符合已逝的客观真实。虽然口述历史作品中大量反映口述者的"主观表达"比"客观叙述"更好看,但其可信度往往相应降低,这是口述历史访谈中需要警惕的。

问:我们知道,口述史的撰写者并不是一个简单的记录者,他提出问题、引导受访者的讲述、对记录下来的内容进行取舍,因此,他在整个过程中都有很深的介入。您认为这种介入的限度在什么地方? 像唐德刚写《胡适口述自传》那样大量地以文献补口述之不足,详加注释的做法,您以为如何?

左玉河:因受访者有记忆上的局限,更要求访谈者和整理者大胆介入，用相关文献的补充与互证口述史料，纠正受访者记忆的失误。访谈者是以互动的方式与受访者合作的，他要提问题，针对受访者的回应做追踪，并提供人名、日期和其他一般人容易遗忘的资料来协助对方。整理者要对照文献档案，对口述的失真失实处、记忆的偏差处，或征求口述者意见后做出改动，或由整理者自行做出适当的校正性注释。

像唐德刚那样以相关文献补口述之不足而详加注释的做法，是口述历史中必不可少的，但必须有一定的限度。访谈者的介入及用文献补充，并不意味着访谈者在整理口述录音并加工制作成著作时可以随意改变受访者的口述访谈录音。有些访谈者为使口述历史著作有"可读性"，在撰写笔法上采取了"灵活"一些的做法。这种"笔法"是很危险的，将会有损于口述历史的真实性。有可能迁就"可读性"而无意中牺牲"真实性"，在原则上是不能允许的。这个原则，就是访谈者介入的最后底线。口述历史注重的是史学家特有的"秉笔直书"，不是文学家"寻常一样窗前月，才有梅花便不同"的表述技巧。

（受访者时为中国社科院近代史研究所研究员、中华口述历史研究会秘书长）

（2008年8月27日）

从学术的角度看电影《孔子》

——汤一介、钱逊等的评论

在普通人眼里，《孔子》不过是一部电影而已；但在很多学者眼里，它意味着太多东西——在课堂上，他们曾一次次讲述孔子的故事，讨论孔子的思想；在私下里，他们曾一遍遍吟诵和玩味孔子在两千五百年前说过的那些简洁而内蕴深厚的话，甚至为其中一个字的理解洋洋洒洒写出数万字的论文。

2010 年 1 月 18 日，北京大学大讲堂，汤一介、钱逊、孙钦善、陈来等学者在《孔子》公映之前观看了这部片子。

电影中的情节，对于他们而言没有任何新奇之感，他们不可能以纯粹欣赏的态度去观看，每时每刻，他们都会拿银幕上呈现的一切与自己脑子里已经无数次想象过的东西去对照，去比较。

看过片子之后，他们在随后的研讨会上发表了自己的观感。这些发言中，不乏了解之同情，但也多有激烈的批评。

"这部电影能够让专家们基本接受，我们就满意了。我们这方面尽力了。但反过来说，如果让你们百分之百满意，那这部片子在市场上肯定失败，我们也不能接受。"制片方的负责人于品海先生在回应专家的批评时说。

这应该是一句实在话。《孔子》是一部特殊的电影，但它毕竟还是一部电影。

　　于品海还说："我们希望的是，观众看了这部片子，能对孔子产生兴趣，愿意去读孔子的书，读研究孔子的书。"——这也是我们愿意在此表达的一个期望罢。

汤一介（《儒藏》编撰中心主任）：

大场面不错，小场面欠缺

　　有将近十年的时间，我没进过电影院，但《孔子》这个电影，我还是要看的。看完之后我有三个突出的印象：第一，电影选择的场景是不错的，从夹谷之会、陈蔡之厄到孔子归鲁，选择这些场景来表现孔子是比较好的，另外，电影里呈现这些场景的气势也比较足；第二，孔子的演员很难选，总的来看，周润发对孔子形象的诠释可以说相当圆满；第三，电影在每个情节中，能够把《论语》的一些重要思想穿插进去，这点也是不错的。

　　我最近有个观点，认为中国古代是一个礼法合治的社会，但我们对礼的这个方面重视不够。在我看来，中国古代，礼不但是道德教化，而且是一种制度。在这个方面，电影也有所表现。

　　不过，我觉得电影比较重视表现一些大场面，忽视了一些细小场面的刻画。我非常欣赏《论语》里"盍各言尔志"一章，这个段落很能表现孔子与其弟子的形象，但电影没有演这段故事，非常遗憾。

钱逊（清华大学教授）：

子见南子可以不拍

对电影《孔子》，很多人期待已久。拍摄这部电影，有支持的声音，但也有非常激烈的反对意见。孔子作为中国文化的一个代表人物，表现的难度非常大，所以我对电影会拍成什么样子，一直以来也非常担心，今天看了以后，感觉还不错。

电影侧重于表现孔子的政治活动，对孔子出任中都宰到担任大司寇，治理鲁国，以及后来周游列国，都表现得比较充分。但是，电影对孔子作为思想家、教育家这个侧面表现是比较弱的，没能比较完整地呈现孔子的思想。也许，关于孔子的电影今后还可以再拍几部，把表现的重点放在孔子的思想上。

另外，子见南子情节的改编还是有些问题。而且我认为，这段故事在孔子的一生中并没有那么重要，完全可以不拍。

孙钦善（北京大学古文献研究所所长）：

关于孔子的史料要谨慎使用

通过电影这种艺术形式表现孔子，难度很大。总的来说，我认为这部电影的拍摄是认真严肃的。电影表现孔子作为思想家的一面不够丰满。电影中穿插了《论语》中的一些话，但非常零碎，不能呈现出孔子思想的完整性。孔子离世前说："知我者《春秋》，罪我者《春秋》。"这个情节放在电影结尾，孔子的话翻译成白话，但我估计，多数观众未必能领会这句话的涵义。确实，表现这些是很难的，我也不知道电影该如何处理。

电影努力呈现一个人性化的孔子，方向是对的，但实现的难度很大。孔子的有些故事也许是可以采用的。比如孔子与阳虎的关系，阳虎欲攀援孔子以自重，"归孔子豚"，孔子虽不欲接受阳虎的攀援，但也不愿失礼，于是"时其亡而往拜之"，但结果两人还是在路上遇到了，于是有一段对话。这段故事里，阳虎很狡猾，孔子很机智，用来表现人物的性格是很好的，而且，相关的史料也很丰富，在《论语》《史记·孔子世家》《左传》《孟子》里都有记载，编剧的难度并不大。

从历史真实的角度来说，关于孔子的史料使用起来要非常谨慎。即使像司马迁的《史记·孔子世家》，也有太多小说家言的成分，猎奇的地方很多，不宜全盘采信。又比如"丧家犬"的说法，见于《史记·孔子世家》《韩诗外传》等文献中，这个材料电影里是不是要用，需要斟酌。另外电影里子见南子的情节放在了孔子见卫灵公之后，这个恐怕是不妥的。电影里颜回之死作为艺术想象说得过去，但与史实是严重不符的。

陈来（清华国学院院长）：

对孔子应有足够的温情与敬意

有些先生认为孔子的电影可以多拍几部，以后拍得更好一些。我的态度比较保守，我主张孔子的电影尽量少拍，因为根本不容易拍好。

拍摄孔子的电影，最大的难度在于态度二字。钱宾四先生曾说，我们对于中国文化和历史，要抱以温情和敬意。我想这个态度也应该成为我们对待孔子的态度，作为拍摄孔子电影的基本态度。拍摄电影《孔子》的根本原则是什么？我想，第一，我们应该对孔子的成就抱以敬意，你导演和编剧如果对孔子没有足够的敬意，那电影的问题就大了；反之，这个原则你如果抓住了，那其他的问题，都是小问题。第二，电影塑造的孔子的银幕形象应该能够与孔子在两千五百年中国文化史上的崇高地位相称，有人说要把孔子人性化，在人性化的口号下，把孔子变成一个普通人，这是不对的，孔子对塑造中国文化、塑造中国人的精神影响那么大，怎么能够把他变成一个普通人呢？

　　从这两条原则来看，我觉得电影拍的是及格的。及格不容易。及格是承认它没有大的毛病。当然，我的容忍度其实已经是很大了，包括电影里子见南子这段故事的演绎我也认了。但是电影里有一个错误我是不能接受的，就是对孔、老关系的处理，说老子是孔子的老师。史料记载，孔子问礼于老聃，但这个老聃是不是我们所说的老子，是有疑问的。即使我们承认老聃就是老子，那也只是说问礼于老子，不是说孔子的老师是老子，这两种表述的差别是根本性的。孔子说，"三人行，必有我师"；《论语》还记载说，"子入太庙，每事问"；孔子不仅问于老聃，还问于郯子呢，等等，表明孔子学无常师。这涉及中国思想史上的大问题，弄错的话，我不能容忍。

孔庆东（北京大学中文系教授）：

《孔子》不能拍成一个课件

　　胡玫导演拍摄《孔子》的消息传出后，大家都很关注，有各种各样的议论。不少号称孔氏后人者都站出来说话，表达对这部电影的关切，要求电影这样拍，那样拍的。其实我比很多号称孔氏后人的人都更正宗，但我之前没有说话。我认为，孔氏后人在今天和所有人都是平等的，在电影《孔子》的问题上，不应该有任何特殊的话语权，不应该干预学术、干预娱乐，可以发言，但发的只能是一家之言，不值得给予特殊的对待。

如何评论这部电影，可以有两种态度。一种是老子的态度，在老子看来，一切都是多余，这个事情根本没必要做。但是事情不会以老子主张的方式发生，这是不以人的意志为转移的。孔子的电影，胡玫不拍，别的导演也会拍。我们都认为孔子这个题材不适合拍成电视剧，不适合拍成动漫，但我相信，用不了多久，孔子的电视剧和动漫就会出来。胡玫导演的《孔子》注定留在中国影视史上，将来人们会问，你看过周润发版的孔子吗？所以，我们就需要转换到另一种态度，即孔子的态度，所谓"知其不可而为之"，关于孔子的电影很难拍，几乎不可拍，但既然拍，各方面就尽量促使它拍好，让电影《孔子》能够向尊重学术、尊重历史，特别是向对孔子保持温情和敬意的方向发展。

作为一名老师，我也喜欢打分，比陈来老师给的分数高一点，我打 70 分。这个电影是在颂扬孔子的精神，孔子那种"知其不可而为之"的精神。孔子一生的追求失败了，但他是一个伟大的失败者。这个世界不应该是一个成王败寇的世界，不是说谁成功了，我们就去颂扬谁。一个人在活着的时候没有实现他的理想，后人不断去颂扬他，中华民族这样一种精神，是很了不起的。

《孔子》的拍摄难度太大太大了，但居然拍得还可以。我看电影的时候就感觉到，很多地方一定投注了学者的心血，有学者在把关，在出主意。拍这个片子，要避免两种情况，一是戏说，二是图解。戏说我们会反感，不用说，图解也是不行的。如果这个片子无一字无来历，那就不是电影，而是我们上课时的一个课件了。所以，我们要求电影《孔子》没有大的硬伤是可以的，但也不能以纯学术的标准去要求它。

罗安宪（中国人民大学教授）：

小问题比比皆是

孔子的电影我认为是不必要拍的，拍成这个样子我也不认可。我认为电影《孔子》大的方面一定要忠于事实，小节上有所虚构则没有关系。以此要求，电影中的硬伤不少，小的问题更是比比皆是。孔子问礼于老聃不可能是在 50 岁之后，更不能说老子是孔子的老师。在孔子的一生中，与南子的会面是微不足道的一件事，但在电影里，饰演孔子的周润发是男一号，饰演南子的周迅是女一号，这是在迎合观众，哗众取宠，这怎么可以？孔子与季氏的关系非常复杂，并不是完全的针锋相对，电影对此的处理过于简单化，和我理解的历史事实有很大偏差。另外，孔子去世时 73 岁，绝对不可能是电影最后那个白发苍苍的形象。

总之，电影《孔子》加入了太多娱乐化的因素，其危害性在于，它让对孔子没有基本了解的人看了后以为这就是孔子。我建议胡玫导演重拍一部《孔子》，但前提是要有一个经得起推敲的剧本。

张颐武（北京大学中文系教授）：

拍成这样很不容易

《孔子》能拍成这个样子，我认为是不容易的。当初电影开拍前，我们给剧组饯行，当时非常担心，大家都不看好这个事情的前景。但现在看到片子，我的心稍稍放下了，他们完成了，而且完成得还不错，很不容易。

最突出的感受有两个：第一，电影找到了各方要求的"最大公约数"。它呈现了一个有一定观赏性的、有力量的孔子形象，电影人在这部片子中体现出来的专业、用功、谨慎是我们能够感受到的，这个大多数人都会承认。第二，电影达到和超过了大多数人对它的"最小期望值"，最开始的时候，我们都认为这个事情一定会搞糟，一定弄不好，但结果居然还不错，片子能让陈来、孔庆东等先生打六七十分，那就很了不起了。

整个片子拍得基本上做到了"得体"，拿得出手，在国际上放也不会丢面子。看得出，主创人员是有一定想法的，有自己的一点史观的。这部片子属于大制作，场面很宏大，使中国大片的领地扩张到了圣贤史诗的范围，这是很大的突破，尽管，这种突破本身不无争议。

整部片子适合一般公众观看，这个方向也是对的。它有故事，有大场面，有一些感人的细节，能够把观众抓住。如果把这部片子拍成散文式风格，更多地表现孔子的思想，学者可能会比较认可，但未必引起一般公众的兴趣。他们要照顾到所有的方面，他们其实很早就想到了自己有两方面任务：首先是"防守"，要让这部片子基本得到专家的认可，不至于引来学界太多的批评。在此基础，再做"进攻"，即追求好看，努力与普通观众沟通。与一般的大片比起来，它也并不乏味、干巴，它也没有太多的说教味，能够吸引年轻人来看。另外，周润发在《孔子》里的表演早已不是《英雄本色》里的样子，他塑造的孔子形象基本是立得住的，值得肯定。

（2010年1月27日）

"嘉靖之不善，不如是之甚也"

——访卜键教授

中国古代帝王中，嘉靖在当代人中的知名度颇不低。谁不知道海瑞所骂的那个皇帝呢！前几年大红大紫的电视连续剧《大明王朝1566——嘉靖与海瑞》中，陈宝国饰演的嘉靖也给我们留下了深刻的印象。当然，那是文学艺术作品中的嘉靖，历史上的嘉靖是怎样一个皇帝呢？在明代编就的《明世宗实录》中，嘉靖被誉为"神圣不世出之主"；在清代所修《明史》中，嘉靖被论为"中材之主"，并被指要为明朝国运"渐替"承担责任；而在野史中，嘉靖往往被刻画为一个昏庸残暴之人，几十年专事玄修不上朝，能是好皇帝吗？

嘉靖皇帝朱厚熜是一个有故事的人：从一介藩王一跃而为偌大帝国的皇帝；为尊崇先父寡母而不惜与满朝大臣对抗，引发议礼风暴；不知怎地逼出宫变，几乎命丧宫女之手；在位中后期崇尚道教，信用方士，斋祀无厌，一意玄修，备受时人和后人非议；十余年任用"青词宰相"严嵩，最后又亲手剪除之……嘉靖朝也不是一个平静的年代，其时，南有倭乱不已，北有胡氛汹汹，内有逆藩和叛卒，然在国运走下坡路的同时，却也迎来了中国历史上思想文化的又一次大繁荣……对于这样一个时代这样一个皇帝，后人的评价没有分歧几乎是不可能的。

前不久，现任国家清史纂修委员会常务副主任卜键先生出版《明世宗传》（人民出版社 2013 年 1 月版），在学界和普通读者中都引发热烈关注。"家国牵羁，六趣牵缠，世宗的生命旅程因之错综芜杂，也因之增色减色，因之充满希望与失落，充满追求与幻灭，充满期待，也不乏惆怅。"这样充满感情的句子予人以深刻印象。"要之，这是一位禀赋甚高的帝王，是一个学者化的皇帝，一个有责任心、敢担当的君主。世宗人品端正，才情卓著，只是多走了些人生和治国的弯路。"如此高的评价，也颇为惹眼。

有了此书，我们是否要重新认识和评价嘉靖？嘉靖朝的故事能给我们什么启示？记者就此采访了卜键先生。

问：作为一个普通读者，以前我对明世宗嘉靖帝印象不太好，读了您的《明世宗传》，可以说他在我心目中的形象颇有改观。您能否谈谈过去人们对他的评价是怎样的情况？

卜键：不光是普通读者，不少文人、学者对嘉靖帝印象也不好，或不太好。笔者早期亦如此，是在阅读史料过程中渐渐有所转变。嘉靖帝是一个负面评价较多的帝王，一则是其在位期间的确有不少秕政，再则便是"壬寅宫变"与海瑞上疏，尤其后者，很容易让人以为他就是一个昏君。一些作品在赞美宫女"奋起反抗"、赞扬海瑞"为民请命"的同时，把嘉靖帝作了脸谱式描述。但比起商纣王和隋炀帝，他的情况还是好多了。子贡曰："纣之不善，不如是之甚也……天下之恶皆归焉。"说的就是污名化过程。对帝王的描写常会走向两极，过度的赞誉或过分的贬抑，似乎不是圣主便是昏君，都流于简单粗疏，不利于我们对历史人物和历史事件的认知。对嘉靖帝的评价，明清间还算客观，有褒有贬，褒多于贬。今人则容易走偏，如抓住"壬寅宫变"，大肆渲染嘉靖帝如何如何荒淫残暴，实际上这场弑君案的真正原因至今也没有弄清，而朱厚熜也实在戴不上"荒淫残暴"的帽子。

极致化或曰极端化写作，固然有研究者思想方法方面的原因，而具体研求，更多应与学风和治学态度相关。空疏夸诞的文风令人反感，其根源在于省力讨巧，在于对复杂的人物和事件作简单归类。写作《明世宗传》，已是笔者第三次为朱厚熜作传，前两次多拣朝政大端落墨，这一次则致力于摹写他的复杂性格。这当然会有较高难度，也常会跑偏，但值得。如何去了解一个帝王的内心世界？如何在看似荒唐乖谬的行为中找到其心理逻辑？别无他途，只能下功夫去典籍中寻觅，只能尽量去追觅还原其历史场景，只能多下笨功夫、死功夫。

问：如何去理解和评价一个人很难，这个人如果是帝王的话恐怕就更难。您的书深刻之处也许在于对传主开展心理分析，进入到了传主内心。您揭示了传主心灵深处的孤独和寂寞，揭示了传主人生路途上的追求与幻灭，给我留下深刻印象。这让我想起"了解之同情"五个字。不过以我的理解，"了解之同情"的运用，有一定的度，若进入一个人的内心，从他的立场去体味和看待其所作所为，则大奸大恶也可以给予最深的同情。以前读黄仁宇先生《万历十五年》、樊树志先生《崇祯传》都有这种感觉，我想明代帝王中恶评较多的正德、天启都可以同样视之。您对此这么看？

卜键：是的，了解越多，理解越深，作者对于传主越容易产生同情，容易有所回护美化，对此应加以警惕。但不管是"了解之同情"，还是了解之愤怒、了解之批判，其前提都要有一个了解。了解应该是深入和整体的。进入明世宗的内心只是一种意愿，其实很难，我也试图进入与之抗衡的杨廷和等大臣的内心，同时亦在被称为奸佞的严嵩、郭勋等人身上下了不少气力，以取得一个整体的认知，避免偏执和陷溺。严和郭算是当时的大奸大恶之辈了，可一旦去梳理其人生轨迹，也会发现：严嵩在江西老家曾广做善事，中年之前称誉于朝野间；掌管禁军的武班首臣郭勋，也是饱读诗书，仅整理出版《英烈传》《水浒传》一项，亦可说颇有贡献。说出这些，并非基于他们的立场，并非同情这两个作恶多端的人，而是证明人性中善恶之错综交缠。

至于朱厚熜，九五至尊、乾纲独断的明世宗嘉靖皇帝，史籍多记载其沉溺于斋醮和廷杖谏臣，记载其 20 年不上朝及诛杀任情。而了解越多，越能感受到他对亲情和真情的依赖，感受到他在母亲辞世后的孤寂凄苦。他是一个高傲专断的帝王，又是一个敏感脆弱的多病之人。与许多帝王一样，世宗不无残忍，不无冷酷，不无荒唐偏谬，却不宜归结为残酷无道。海瑞毅然上疏谏诤，直截尖刻，词句诛心，原是抱定必死的决心，世宗愤怒已极，却不杀他。身患重病的他，曾一遍又一遍阅读海瑞的《治安疏》，深受刺激也深受感动，感慨叹息，承认海瑞说的有道理，承认自己"不自谨惜"，也说到因病重难以出朝视事。在说这些话时，其心境之悲凉，在狱中的海瑞是不了解的。

问：嘉靖帝一生，有两件事最为后人所关注，一为"议礼"，一为"奉道"。先说"议礼"。孟森先生《明史讲义》以七章讲述明朝史事，其中第四章讲正德、嘉靖、隆庆三朝，即以"议礼"为题总括该章，为什么"议礼"一段故事在明史中如此重要？

卜键：议礼，又称"议大礼""大礼议"，的确是明中期一大政治事件，是一个令人痛心的事件。嘉靖改元，君臣和谐，出台一系列坚决措施，即位诏所列"合行事宜"共80款，一扫前朝之积弊，形成"天下欣欣望治"的大好局面。这固然是杨廷和等一批老臣的功绩，但少年朱厚熜的坚毅果决，他对内阁的敬重，也是必不可少的。议礼事起，小皇帝被制度性设计，要求他以弘治帝为皇父，以仍在世的张太后为圣母，而称亲生父母为叔婶，舆论汹汹，章奏纷纭，逼迫其就范。朱厚熜天性至孝，与寡母更是情感深笃，不惜对臣下剖露心迹，好言商量，屈尊求恳，甚至送礼拉拢，都不管用，仍然是大臣领衔抗旨，翰林和科道齐声响应。议礼之初，应说是杨廷和等人做过了。至于后来发生左顺门血案，君威渐隆，议礼完全按照嘉靖帝的意志推行，其父亲称"帝"加"皇"，立庙修陵，其母更是成为后宫第一人，远在老太后之上，则是皇帝做过了头。司马迁曰"礼由人起"，"缘人情而制礼，依人性而作仪"（《史记·礼书第一》），定义恰切。议礼的复杂性也出现在这里：杨廷和等所为，在于维护弘治一系的大宗地位，挖空心思，移花接木，皆为尽一份老臣之情，全然不顾及新帝的感受；而嘉靖帝为达到目的执拗悍厉，甚至不惜大肆廷杖，血花迸溅，内藏的却是绵绵孝思和母子深情。由此发生激烈对抗，数年不得平息，直接影响到朝政走向，怎能不让人扼腕痛惜！

大议礼是一个长过程，开始时带有皇帝较多的个人亲情因素，后来则发展为一种对礼学的探讨，发展为对礼制和祀典的增饰修订。如分祀天地和修建天坛，如取消孔子称王和以木主代替泥塑，如更改宗庙制度，都有着在礼制上的反拨和建设意义，也基本为后世所沿用。

嘉靖年间的议礼，先是小皇帝与前朝老臣之间的对抗，渐而形成朝臣之间的两派对立，后来则发展为对正直之士的清剿和对舆论的钳制，发展为血腥镇压和一件件冤假错案，且助长了朝廷和官场的趋奉谄媚之风。"钳口无言最是能。"议礼之后，朝廷基本成了皇帝的一言堂，嘉靖帝为所欲为，事玄修醮，以青词撰作选择宰辅和大臣，朝政愈益不堪。

而这一切都是从议礼开始的，是从明世宗的真纯孝思、杨廷和等人强硬干涉皇帝家事引发来的。以故晚明时国运衰微，颇有人追忆嘉靖往事，痛惜扼腕，认为大议礼毁废了良好的政治局面，改变了正确的朝政走向，认为君臣双方各走极端，因而都有责任。

问：再说"奉道"。嘉靖崇尚道教，信用方士，以青词任用"宰相"，遂有严嵩父子柄国害政。对议礼，《明史》以及您的书都以其"发之孝思"而给予了相当的理解。那么如何理解他"奉道"的心理？他这一面该怎么评价？

卜键：若说嘉靖帝的议礼是出于亲情，出于对父母的殷殷至孝，则他的崇尚道教和溺信术士也是深受家庭影响。记载说其出生前，父亲朱祐杬曾有一梦，梦见玄妙观纯一道长进入王宫，醒来即闻得子之喜。这不仅是一个传说，应是朱厚熜的家庭共识和早年记忆，若干年后他南巡钟祥，命将该观大加扩建，敕额元佑宫，即为旁证。

溺信道术，信的主要不是"道"，而是"术"，是以道教文化包装的方术，或曰妖术。如果说道家有许多体认宇宙万物的真知灼见，有许多做人和养生的道理，则斋醮烧炼之类方术，则多是骗人的把戏。人在生活中总有一些渴望得到的，如子嗣和健康，虽贵为天子也不易获取，便为术士留下活动空间。世宗对道教的崇信，很快就变为对方术的迷恋，几乎贯穿其一生，却也都是有所祈求。即位未久在乾清宫暖殿设醮，是因为连续患病；嘉靖十年大设祈嗣之醮，为的是"求生哲嗣"；晚年的察访秘术、征召高士和服食仙药，则是为了祛病和长生。当然，明世宗不光为一己一家之私，也为天下苍生祈祷，祭天祭地，祭日祭月，祭先农先蚕，祭名山大川，为国家和生民祈福，同样是极尽虔诚。

需要说明的是，方术之类绝非仅存于一朝一代，且天然地趋从依附权力。溺信佛道和方士，做出许多荒唐事体，在古代帝王中为数不少，在各级掌权者中则更多。前不久见诸报章的李一、王林之辈，以小小江湖把戏出入公门，聚敛钱财，莫不如此。

问：您的书给我印象深刻的是，即使嘉靖帝把太多的精力花在了"议礼"和"奉道"上，但并未放弃履行帝王应尽的责任，如《明世宗实录》所说，"惓惓以不闻外事为忧，批决顾问，日无停晷"。我想这有两个方面，一是如《明世宗实录》和《明史》所说，嘉靖帝自始至终"威柄不移""威柄在御"；二是确实做了一些事。关于嘉靖帝的政绩，能否请您稍作总结？

卜键：考虑到其独特的政治内涵，"威柄在御"，或"乾纲独断"，对于一个帝王来说，应是值得称道的。主要是说他为国家和黎庶有担当，负责任。梳理一下历史上的开国之君和盛世英主，无不如是。反之，游龙戏凤，尸居余气，大权落入宦竖宵小手中，才是国家的灾难。朱厚熜被论为"中材之主"，虽非宵衣旰食，却也始终未放弃应尽的责任。即位之初，他果断革除前朝积弊，广开言路和整顿吏治，整肃冒滥军功和革除传奉官，清算干政乱政的太监，裁革镇守内臣，清理皇庄和庄田……虽说是杨廷和等人建言，世宗不仅批准，而且坚决推动；在位中期，他对朝廷大政和国计民生很是关切，更定祀典，加强法制，赈济灾荒，关心普通百姓，惩治贪酷慵懒，重视边防和军队稳定；至晚期虽陷溺于斋醮，久不上朝，仍是每日批阅章奏，在抗击沿海倭乱和蒙骑侵扰的战争中，坚定不移，基本取得了胜利。综上所述，是世宗45年的基本线。

毋庸讳言，明世宗曾信任宠用了一些恶名昭著的人，有公侯宰辅，也有真人方士，但一经发现其奸欺行径，即行扫除，毫不手软，这也是"威柄在御"的一项明证。

问：明朝历史有一个现象引人注目，那就是大臣敢于对抗皇帝的意志，甚至不惜以死相争。大议礼正是这样一个例子。

孟森先生的评论是："君之所争为孝思，臣之所执为礼教，各有一是非，其所可供后人议论者，正见明代士气之昌，非后来所能及尔。"您怎么理解和评价"明代士气之昌"？

卜键：孟森先生治清史甚力，他谈明代士气之昌，当是基于与清代的鲜明对比。有清一代较少出现谏诤之臣，更少以死抗谏之举，明朝则不然，抗言不屈、犯颜直谏之士可谓前仆后继。靖难之役后建文帝的一批忠臣，虽灭十族也不改事新帝；正德朝的谏阻皇帝出游，血溅御道，亦是可歌可泣。明廷针对这种忠痴之气，专门创设了一种刑罚——廷杖，先是示以薄辱，渐而变为真打和狠打，当庭拖翻，杖棒交加，血肉飞迸，具有很强的现场直观效果。再辅之以诏狱酷刑，也颇有震慑作用。士气也会低回沉寂一个时期，然一有机会，一经引燃，便成勃郁昂扬之势。嘉靖朝也是这样，左顺门大廷杖后不见了百余人连衔抗争的局面，可单个的、小规模的上谏，一直没有停顿。那些敢于挺身而出的人，也赢得了朝野间普遍的尊敬。

这当然是"士气之昌"，亦应视为官场风习之昌，翰林和科道官是其主力，整个官场都有参与，不敢参与的也有普遍的同情和钦敬。为何能这样？当还是儒家精神的滋养，是传统道德规范的影响。宋明理学的"存天理灭人欲"，尤其是王阳明的"致良知"和"事上磨炼"，都会引导人们思考和发声，激励那些正直之士。从这个层面上论列，其又是儒家道统之昌，是思想活跃、文化繁荣的体现。

问：您在全书引言中说，嘉靖朝思想、文化走向繁荣，出现了大批杰出人物和优秀作品。您认为"世宗既有倡导引领之力，又有宽容和保护之功"，但对此论点，书里并未有有力的论证。我对此有些怀疑，比如王阳明这样不世出的人物，亦未见嘉靖有多待见。我的印象是，反而因为中晚明帝王或者政府对社会、文化的控制不如明初严厉，才有民间社会和思想文化的繁荣。这里能否请您进一步论证一下自己的观点？

卜键：对于王阳明，明世宗的认识和评价有一个渐变的过程，也有一条不变的底线。少年时在藩国的崇敬仰慕，对其功高不赏的同情；即位初欲大加封赏，辅弼大臣品评议论的影响；起用后的专擅和自行离任，刺伤了皇帝的自尊，使得朱厚熜对之由尊崇到不满，甚至有点儿怨愤。这是渐变的过程。而他始终认为王阳明在扑灭宸濠叛乱中功勋卓著，不否认王阳明的品德和能力，恼怒至极时也还保留了对他的封爵，内心深处把他当作一个伟大人物，则是一条底线。

令明世宗真正积怨难平的，不是其在思恩、断藤峡等地的专擅，而是其讲学。王阳明在决策剿抚时常常不待命而行，世宗初无必加遥制之意，但经桂萼等人挑剔整理，便觉得是有些不把皇上放在眼里。再联想到风靡大半个中国的"阳明学"，联想到王阳明的门徒遍天下，甚至在自己的亲信大臣中也多有，联想到阳明语录中那些违碍字眼，便觉得天威君权受到冒犯。这种情形，若在朱元璋、朱棣时可能会大开杀戒，在后来的康乾时期也许会被穷治，被"瓜蔓抄"，而朱厚熜仅在谕旨中有所发泄，说几句也就算了。这就是宽容和宽仁，不做比较，便无以见出。

明世宗不喜欢当时的讲学热（历史上怕也没有几位帝王真正喜欢那些聚徒讲学之士），不喜欢动辄数十几百之众不事产业、聚众喧嚣的场景，也不喜欢心学的"空疏肤泛"，然基本未加禁止。他重视经筵，提倡实学，强化对学校和科举的管理，剔除学痞和积弊，为底层和偏远之地的人才打开通道，应与"士气之昌"有关。

嘉靖年间出现了一批思想家和哲学家，出现了许多优秀文人、学者和文学流派，出现了不少胸怀理想信念、不惜以死相谏的诤臣，都与世宗的涵养人才相关，与其所实施的政治宽松相关。这是《水浒传》和《三国演义》整理出版的时代，是《金瓶梅》和《宝剑记》《鸣凤记》《浣纱记》等小说戏曲杰作写作的时代，明代中晚期思想文化的繁兴，是从嘉靖朝开始的。

（2013年9月4日）

处于"张力"与流变中的性文化

——访江晓原教授

　　这本书名标明为"性学"的书，作者是上海交通大学科学史与科学文化研究院院长江晓原教授。正如其头衔显示的，江晓原的专业是科学史。他本科读的是南京大学天文系，硕士、博士读的都是科学史，后来也以科学史安身立命。但翻看他的履历，让人觉得奇怪的是，他发表的第一篇学术论文是关于性学的（《中国10世纪前的性科学初探》，《大自然探索》1986年5卷2期），出版的第一本书也是性学方面的（《"性"在古代中国》，陕西科学技术出版社，1988年），他还是中国性学会的发起人之一。一个搞科学史的学者，为什么会搞起性学研究来，还搞得有声有色，不免让人有些好奇。

　　这本《性学五章》（海豚出版社2013年8月版）已经是江晓原教授第五本性学方面的书了。所谓"五章"是诗、书、画、药、人五个主题，其中有对中外艳情诗的研究，有对高罗佩《秘戏图考》和《房内考》的讨论，有对春宫画历史的梳理，有对伟哥的议论，也涉及李约瑟、张竞生等人的故事……很多文章最初在报纸刊物上发表时就颇受学界和读者好评，结集出版后很快登上了一些书店的畅销榜。国内关于性文化的严肃研究非常缺乏，而这个话题又是很多人都感兴趣的，也就难怪这本小书如此受到欢迎了。日前，记者围绕书中涉及的话题采访了江晓原教授，相信其中一些讨论不仅有趣，也有若干现实意义。

问：您的研究，很重要的一个贡献是提出"性张力"这一概念来解释中国古代性文化的特点（《性张力下的中国人》，上海人民出版社，1995 年）。古代中国人对待性的态度，一极是重生殖、多妻和重人欲的，另一极则是礼教，有禁欲的倾向。两极的同时作用下，就形成了张力。中国历史上，宋代是一个转折点，宋代之前中国性开放的程度是比较高的，没有那么多禁忌，宋之后由于程朱理学的兴起，性的禁忌就会比较多。但我们也吃惊地注意到，晚明时期色情文艺非常发达，性开放程度很高，在程朱理学非常强势的情况下，为什么会有这样一个阶段？

江晓原：说来有点夸张，中国人的性观念至少在宋以前确实是非常开放的。比方说唐代，当时的开放程度肯定远远超过我们今天。很多人老觉得中国古代有封建礼教，有男女授受不亲之类的规范，但实际情况，在相当长时期内，统治阶级从来不把那些教条当回事，他们的性观念一直比较开放。

具体到晚明，情况有点特殊。从公元 1600 年前后到明朝灭亡，社会好像突然就变了样子，很多士大夫都表现出反叛。士大夫本来应该以身作则，严格遵守当时的性规范，实际情况却是相反。一些取得功名的知识分子，故意表现出反对礼教的姿态，发表夸张的言论，做出夸张的举动。按理说，这些都应该受到禁止，但实际上朝廷也不管。为什么会这样？一个简单的解释是，晚明最严重的问题：一是关外势力的侵袭；一是农民起义。政府忙着应付这两件事，对江南地区士大夫们搞点类似于性解放的事情就顾不上了。当然，这只是一种解释而已。

回到我们说的性张力，这个概念是从物理学借来的。所谓张力，就像从两头拉一根绳子，绳子就承受张力。任何人总是生活在有张力的状态中，都需要找到一个平衡点，让自己能够相对好过一点。在张力的两极中，有时候禁欲的一极占了上风，有时候开放的一极占了上风，但是这两极都是存在的。任何社会如果只剩下一端，都是不可持续的，所以，性张力的状况是变动的。

问：那么您觉得与历史上相比，我们当下的性观念是过于开放还是不够开放呢？

江晓原：首先要说的是，一个时代开放程度是否合理是一个问题，一个时代和另一个时代相比开放程度哪个更大点是另一个问题。如果拿今天跟中国历史上曾经有过的高度开放的时代比，可以说现在远不如那时开放，像唐代就肯定比今天开放，那时的开放是我们今天的人难以想象的。《性学五章》里有一篇文章是对《天地阴阳交欢大乐赋》的研究。《天地阴阳交欢大乐赋》是白居易的弟弟白行简写的，是写给他自己文字圈子里的人看着玩的，有点像今天的人在手机上创作和转播黄段子一样，这个东西是那时代的黄段子集成，每一个段子描绘一种状态下性交的场景，文词极为华丽铺陈。这篇作品本已失传，是清末敦煌卷子被发现的时候，人们从里头找到的。这个作品已经残缺，据推测，缺失的大概有一小半。这样一个东西在当时的文人中流传，这在今天也是难以想象的。而且里面所描绘的性解放程度，也绝对是我们难以想象的。比方他想象一个夏夜，有坏人潜入了良家妇女的闺房，对这个良家妇女进行非礼，我们现在能想到的，是这良家妇女肯定要反抗，要怒斥，要报警，要呼救等等，但是白行简居然会想象她"诈嗔而受敌"。这虽然是一种虚构，但当时的文人居然会有这样的虚构，也够让我们吃惊的吧。

问：像白居易也是诗酒风流，并且有留下来的诗文为证。

江晓原：你提到白居易，我们再举一个例子。唐代有官妓制度，官妓就是由官方发工资养着的妓女，她们的义务是在官员宴会的时候为官员们奏乐陪酒，用今天的话说就是三陪。三陪是一个官妓的工作义务，和官员做爱却不是她的工作义务，如果官员想和她做爱，要展开追求，追求到她愿意的时候，他们就可以成为情人。白居易的好友元稹有一阵子和一个官妓打得火热，后来他把这个官妓送到白居易那里去，说这个女子实在太迷人了，一定得让好友分享一下。当然我们今天可以站在多种角度批判这种行为，说它是男性中心主义，是对女性权利和尊严的践踏，或者因此批判这两个官员生活极度腐化之类，但在当时这件事是被当作佳话的，从中可以看到，当时性观念确实相当解放。

问：《性学五章》的第一篇是讲艳情诗，让我想到大学课堂上讨论陶渊明的《闲情赋》。萧统曾经说陶渊明"白璧微瑕，唯在闲情一赋"。我们那时也有人觉得，陶渊明是一个很冲淡的人，怎么可能写这样的东西，它是不是伪托之作呢？

江晓原：中国古代文人的传统是写多种风格的作品，陶渊明写了很多冲淡风格的诗文，写一篇《闲情赋》其实也没什么可奇怪的。如果你看看萧统那个时代的社会氛围，你会觉得他说这个话可就太假了。萧统是梁武帝的儿子，他的兄弟中，萧纲、萧绎都写过相当色情、比《闲情赋》厉害得多的艳情诗，照理说萧统肯定都看到过，而且很可能他也写过这类东西，只是没有流传下来而已。如果这样看的话，他说陶渊明《闲情赋》是什么"白璧微瑕"，我觉得就比较假。其实很多文人都是这样，像写《天地阴阳交欢大乐赋》的白行简，有《李娃传》《三梦记》等名作传世，这些作品一点儿色情的成分也没有。所以，一个人创作风格差别很大的作品，至少在古代是很正常的。

问：《性学五章》里有一篇讲春宫画，说中国春宫画有一个缺点，就是"对于男女形体的解剖学比例通常未能很好掌握"，为什么会出现这个问题呢？

江晓原：古代中国人一直不对人体进行直接的描绘，或者说我们没有欣赏人体美的这种传统。你看西方，从古希腊到古罗马，雕塑作品表现的人体都是非常美的。但是我们中国人不画人体，我们画来画去都是穿着衣服的，什么吴带当风、曹衣出水，这个曹衣虽然紧贴在身体上，但是身体的曲线是不能呈现出来的。春宫图传世的最早作品是明代的，但实际上之前也有。我曾经在敦煌卷子里找到一幅人体画，是在一张纸的背面画了一个裸体女人，那个水平就跟男厕所墙上画的一样。明代人创作春宫画的时候，由于没有人体解剖的基础，结果春宫画里的那些人体往往不符合解剖学的比例，并且里面男女的身材完全无性感可言。这一点，其实日本浮世绘是一样的。浮世绘里头描绘人的裸体也不多，画家总是让人体被衣物遮掩，有时候会赤裸裸地描绘性器官，并且是极度夸张的，但人体的解剖结构和美感的表现很欠缺。所以可以说，古代日本和我们一样缺乏欣赏人体美的传统。

也许你想问，为什么我们没这个传统呢？老实说，这真是值得研究的，我现在也不能给出完备的解释。但是我想到一个故事，这个故事也许说明了，中国古人认为看一个人的裸体是非常不好的事情。

故事的主人公是晋文公重耳，早年流亡的时候，他有一次到了曹国。曹国的国君曹共公听说重耳骈胁（骈胁就是说一根根肋骨是贴在一起的），这个曹共公比较轻浮，他想看一看重耳的骈胁是什么样子，就在重耳洗澡的时候去偷看，结果被重耳发现了。曹共公的一个大臣叫僖负羁的回家跟太太说，我们主上今天去偷看重耳洗澡，他太太一听就说完了，这是亡国之祸，她说您得赶快采取点措施，向重耳表示一点意思，表示你和我们的昏君不一样。于是，僖负羁赶快就给重耳送去了一餐饭，在这个饭的底下藏了一块璧，有点像我们今天行贿时蛋糕里面藏着金条之类。重耳接到这样一餐饭就明白意思了，他把饭吃了，但是把璧还给了僖负羁。果然，等重耳回到晋国成了国君，跟楚国开战的时候，晋军顺道就把曹国灭了。但是重耳下令说，僖负羁家的田产住宅什么都不准动，不要去侵害他。这个故事也许说明了，在中国古代，看人裸体是被当作大不敬的、很严重的事情的。当然，这只是我的猜想，搞艺术史或者文化人类学的人也许可以做进一步的研究。

问：您的书讲到中国古代的房中术和春药，也有几篇文章谈论伟哥，但您似乎不太强调药物和技术，而是认为"最好的春药是爱情"。

江晓原：其实房中术确实有实用的成分。我第一篇性学方面的论文《中国10世纪前的性科学初探》就谈到，房中术里，有两种治疗性功能障碍的办法，与现在西方性医学家临床采用的手段是完全一样的。我当时写文章主要依据的是唐代和唐以前六朝的文献，那时，马王堆汉墓出土的文献还没有公布呢。几年之后，马王堆汉墓的房中术文献整理公布了，我赶紧买来看，发现其中的内容和我所写的是一致的。这就是说，中国古代房中术的体系从先秦传到唐代，几乎完全不走样，这是令人吃惊的。

问：您研究中国古代的色情文艺。我们都很关注的是，现在电脑普及，网络发达，无论是文字的、图片的，还是影像的情色资料很容易获得。这就让所有的家长都很头疼，有人甚至视之为洪水猛兽。您觉得作为一个家长，或者整个社会应该如何对待这一问题呢？

江晓原：恐怕我对这个问题的看法跟大部分家长看法不一样。我觉得这个事情用不着大惊小怪。我好几次看见报纸上类似的报道，说一个年轻的母亲来倾诉，说有一天走进儿子的房间里看见他在电脑上看裸女照片，当时五雷轰顶似的，觉得自己的孩子学坏了。实际上，第一，她的孩子看看这个东西也不会学坏的。第二，家长应该做的事情是要引导他。怎么引导呢？就是让他知道色情文艺是有高雅和低俗之分的，他应该看高雅的色情文艺，而鄙弃那些低俗的。小孩子看到一个裸女的照片有点兴奋没关系啊，你要引导他，告诉他这张太低俗了，我给你看张高雅的，然后你给他看一张高雅的，那就好了。你怎么能知道什么是低俗什么是高雅的呢，你自己就要提高修养，提高鉴别的能力。现在的研究认为，适度地欣赏色情文艺是没有害处的。

我讲讲香港一个教授的故事。这个教授名叫吴敏伦，他经常出现在跟性有关的各种媒体上，他甚至可以接受像《阁楼》之类杂志的访谈，同时也经常被香港的宗教人士攻击，说他败坏世道人心，因为他鼓吹什么学生婚前有性行为也无妨，鼓吹色情文艺应该开禁等等。宗教人士非常愤怒地质问他，说你主张开放色情文艺，你家里两个女儿你让她看色情文艺吗？吴敏伦说，从我孩子出生的第一天起，我家里所有的色情文艺藏品都是公开的，她们都可以看，她们不仅自己看，还带学校里的同学一道来看。现在他的两个女儿已经长大成人，成家立业，都是非常正常的姑娘。所以吴敏伦说，我的例子表明，从小就能随意看色情文艺的孩子仍然是可以健康成长的，一点问题都没有。

所以你越是把色情文艺搞得很神秘，一看就觉得五雷轰顶什么的，就越有害，你要引导孩子看高雅的东西。其实你去博物馆美术馆看那些名画，像文艺复兴时期的作品，很多画的都是裸体美女，为什么那样的裸体美女就是高雅艺术，供在博物馆里让大家去瞻仰，为什么你儿子电脑上的那张裸女的照片就让你五雷轰顶呢，你去看提香的作品就不五雷轰顶了？

问：改革开放30多年来，中国人的性观念发生了很大变化，您觉得今后会向哪个方向变化呢？

江晓原：我从80年代开始参与性学研究和性学界的事，据我的观察，这30年来，人们对性的看法越来越开通，社会的进步非常明显。这个进步的主旨是说我们要更尊重人性。虽然有时候我们仍然听到一些不宽容的声音，但是不宽容的声音已经不能转化为行动。政府对待这个事情也是非常宽容的，比方说我们现在直接给从事性工作的小姐发安全套，为的是防止艾滋病。这在早些年性学会内部也是有争论的，有的人说你这样不是承认她们这个工作合法吗？但最后还是那种更人性的观点占了上风。

问：因为中国古代是男权社会，您的研究，以及您的研究所利用的这些材料，很多都是从男性的角度出发来看待性的问题，所以包括您出版的《性感》那本书也受到一些女性主义者的批评，认为表现出的是男权意识。您接受这样的批评吗？

江晓原：就像我们不能拔着自己的头发离开地球一样，我自己是一个男性，我写出东西来难免采用男性视角。女性主义学者荒林女士认为我在谈论女性美这个问题时，完全是男性中心主义的，是带着男性对女性的把玩这种心态来谈的，这让她感觉到不舒服。作为一个女性主义者，她这样想当然是可以理解的。但是我并不能接受她的批评。你说女性打扮漂亮了，希望给谁看呢，如果她不是女同性恋的话，那她肯定更在乎的是男性的评价，这是很正常的事情。当然，这种批评也有其价值，它让我们在思考一些问题时注意性别的存在。我想，更好的解决办法，是作为女性的女性主义学者也可以尝试着写类似《性感》这样题目的书，在关于性的问题上阐述她们的观点。两性之间良性交流，会很有趣，也是有益的。

（2013年12月11日）

书籍之路首先是一条友谊之路

——访安平秋等先生

这是一座特殊的图书馆，它位于日本东京市中心皇宫内天守阁遗迹旁，是天皇的私家藏书机构；从它成立的701年（日本文武天皇大宝元年）算起，历史已有1300余年之久。这就是日本宫内厅书陵部。

它也是长久以来吸引中国学者目光的一个地方。所藏除了日本皇族资料、皇室制度史料、公文书以及日文图书外，中国古籍占有极为突出的位置。其中包括汉籍唐写本、元钞本、明钞本以及宋元以来数量可观的刊本，其中仅宋元版汉籍就有140余种，这比美国国会图书馆、哈佛大学哈佛燕京图书馆及美国一些著名大学图书馆所藏宋元版汉籍的总和还要多。不仅如此，这些书中还有一些是中国国内未有收藏的版本，或中国所藏为残本而书陵部所藏为全本，或书陵部所藏版本刻印较早。这些书如此珍贵，怎能不让中国学者注目！

宫内厅是日本内阁下属的一个职能部门，专门负责天皇家族和宫廷事务；书陵部负责管辖的除皇家文献典籍外，还有历代陵园，故称书陵。宫内厅书陵部非公共图书馆，即使日本学者也少有入内看书的机会，中国学者有此机会的就更少了，所以那些珍品书籍可谓"养在深宫人未识"。

然而，随着一套书的出版，中国的学者终于可以方便地一窥庐山真面目了。这就是日前由上海古籍出版社影印出版的《日本宫内厅书陵部藏宋元版汉籍丛刊》。《丛刊》选书66种，囊括了宫内厅所藏宋元版书中最有价值者。有了这套书，中国学者像是可以随时推开日本宫内厅书陵部的大门，进到里面随意展读。

完成这一工作的，是由教育部全国高校古籍整理研究工作委员会主任、北京大学中国古文献研究中心主任、中文系教授安平秋先生领导的团队。日前记者采访了安平秋和他的同事杨忠、曹亦冰等，听他们讲述了《丛刊》出版工作的来龙去脉和幕后故事。

问：我们知道，宋元善本极为稀少和珍贵，那么在存世的宋元善本中，日本宫内厅书陵部所藏占有怎样的地位？

安平秋：所谓纸寿千年，也就是说，纸张顶多保存大约一千年时间。而宋元刻本距今的时间正好一千年上下，即使是刻意保存，今天依然完好也很难得。因此，宋元刻本堪称善本中的善本，任何一部都会被我们视为珍宝。

过去日本学者阿部隆一做过一个统计，认为在世界范围内大约有3000—3500部宋元版图书。我们对宋元版图书的调查是从80年代起步的，在90年代进行得较为深入，调查的结果是5500—6000部。这又分为两个部分。一部分是中国大陆所藏，约为3000部，而台湾地区有800部多一点，主要藏在"中央图书馆"、台北"故宫博物院"、"中研院"等处；另一部分是海外所藏。收藏最多的是日本，大约有800—1000部。此外美国图书馆藏宋元善本有 120 余部（不包括博物馆和私人收藏），主要藏在加州伯克利大学、国会图书馆、哈佛燕京图书馆、普林斯顿大学东亚图书馆等处。欧洲宋元善本的藏量应该也不小，我们曾经去查访过两次，看了一小部分藏书机构和学术机构（如荷兰莱顿大学汉学研究院），但尚未进行普查，还难以给出较为准确的数字。

从现在了解的情况看，日本收藏的宋元善本数量是海外最多的。其中宫内厅书陵部收藏的宋元版汉籍就有 140 余种之多，而且这些书质量好，书品好，学术价值高，版本价值高，自然备受我们重视。

问：能否请您进一步介绍一下日本收藏宋元版汉籍的情况？

安平秋：日本藏书机构中，以东京静嘉堂文库收藏宋元版汉籍的数量最多，据称有 253 部。这些藏书的主要基础是清代浙江湖州陆心源的皕宋楼藏书。以皕宋为楼名，意谓内藏宋刻本有 200 种之多。但实际不及此数。不幸在 20 世纪初，陆家经营实业失利，经济上遇到困难，急需资金周转，无奈之下只好出售其藏书。张元济先生知道后，立即写了一份报告给清政府，希望政府买下这批书。但那时清廷摇摇欲坠，自顾不暇，没有作出反应。一些有识之士为之四处奔走，却苦于没有财力，最终也没有结果。这期间，有一个叫岛田翰的日本学者，对这批书惦记已久，曾多次到皕宋楼看书，便牵线搭桥，最后由日本驻上海总领事馆支持，三菱财团出面，以 10 万日元的低价买下，运回日本，即是今天静嘉堂文库所藏宋元版汉籍的主体。

与宫内厅书陵部藏书相比,静嘉堂文库藏书虽然数量上超出,但质量还是略为逊色。因为宫内厅书陵部藏书属于天皇,其中不少都是历朝历代各藩进贡来的,自然多为精品。

此外,东洋文库藏有45—50部的宋元版汉籍;奈良县的天理图书馆也有约45部宋元版汉籍;京都大学的人文科学研究所及学校图书馆、东京大学的东洋文化研究所及学校图书馆都藏有一些汉籍善本,其中前者以明版书居多;另外像隶属武田财团的大阪杏雨书屋,以内藤湖南恭仁山庄旧藏为底子,也有一些不错的本子。

问:我们知道日本中国学研究的水平很高,陈寅恪先生早年有诗云,"群趋东邻受国史,神州士夫羞欲死",就表达了这层意思。是否日本中国学研究水平高与其汉文典籍收藏丰富有关呢?

安平秋:应该说,中日学者研究中国的水平在不同时期、不同领域互有高下,很难一概而论。在陈寅恪先生的年代,可能日本的一些研究成果更为引人注目。这与日本经历了明治维新有关,通过向西方学习,日本国力蒸蒸日上,学术上也吸收了西方理论和方法,故而能够优秀成果迭出。比如鲁迅的《中国小说史略》,我们能看到日本学者的影响,这是不必讳言的;但有人因此指责鲁迅,说他曾看过日本哪位学者的哪一本书,其实也不必,鲁迅留学时受到日本学术的影响,是无可厚非的。

至于说日本中国学研究水平高与其藏书多是否有关系,应该说有,但也不必过于强调这点。日本如此重视中国古书的收藏,如此重视中国文化的研究，主要还是因为日本历史上深受中国影响，日本文化的血脉里有中国文化的因子。

问：日本收藏了如此多的中国汉籍，请问这些书是如何流传到日本的？

杨忠：这个问题我先回答下。中国书流传到日本，情况比较复杂。首先，中国与日本有千百年的交往，商船来往频繁，通商中就包括了书籍的流通。第二，历史上，日本使臣来访会赠送礼物，中国政府也会回赠很多东西，其中就包括图书。第三，日本学者和僧人常常会来中国采购一些图书回去。第四，近代以来日本人趁人之危弄走了一些，像前面提到的皕宋楼藏书就是这种情况。另外，日本侵略中国时期也掠夺了一些。

安平秋：中国书到海外，有人用"流失"这个词来概括，我们不是非常赞同，说"流传"应该更恰当些。像同治年间，清政府向美国政府赠书就有两三起。美国政府曾向包括中国在内的各国赠送自己国家的出版物以及农作物种子，同治皇帝回赠了 10 部图书和 10 种农作物种子，这些书今天藏于美国国会图书馆。清朝政府还通过容闳向耶鲁大学赠送了一批书，我曾经在耶鲁大学看到过清政府赠书的文书和书单。这类情况都谈不到"失"，而是"传"，是传播中国文化。

官方的途径之外还有民间的途径，民间途径又分为商业和个人两种情况。商业方面举个例子：20 世纪前半叶，一个叫田中庆太郎的书商在东京经营着一家书店，专营中国书，特别是线装书。其货源是北平的琉璃厂、隆福寺，以及上海等地的书店。

王国维、郭沫若在日期间都常常光顾这家书店，其顾客还包括了日本的很多汉学家。

个人的就更多了。历史上，遣唐使、僧人到中国，都会带很多书回去。另外一些学者如内藤湖南、长泽规矩也来中国，都会大量采购图书。一些日本学者的日记中有记载，他们与琉璃厂、隆福寺一些书店的老板、伙计都很熟悉，伙计们经常会一个包袱皮兜几本书到他们的住处去推销，双方讨价还价，然后成交。这方面也举个例子，长泽规矩也在中国的时候遇到一套 10 卷本《论语大全》，书是从圆明园文源阁散出来的，全套书他买不起，于是买走了第一册。第二年他再到北平，到了北平图书馆馆长袁同礼的办公室，看到桌上放着另外 9 册《论语大全》。两人就这套书攀谈起来，长泽规矩也大谈这套书的价值，却绝口不提第一册是他买走了。当然，我们不能说他购买那一册书不正当，但他不告诉袁同礼先生实情，确实有点不够朋友。这件事情他记在日记中，如果我们不看其日记，也不知道。

不平等的掠夺也是一个方面。来新夏先生曾写过一篇题为《还我皕宋》的文章，对皕宋楼藏书被日本人弄去深表气愤。但我们不得不承认，他确实是买去的，只不过是以不合理的低价买，很不地道。此外，伪满洲国时期、抗日战争时期，日本人抢走了一些书，那就是纯粹掠夺了。

谈中外交通史，有丝绸之路、海上丝绸之路，还有书籍之路。有人说书籍之路是充满了不平等的屈辱之路，这个概括太简单，也不准确。书籍之路首先是一条友谊之路，是中国与世界各国之间文化交流的友谊之路。

问：日本宫内厅书陵部的这批书如此珍贵，以前国内学者欲得一见都不容易，我们是怎样把它们复制回来的？

杨忠：这件壮举能够完成，最要感谢的是日本人长岛要市先生。那还是在 1997 年，长岛要市先生担任日本东京经营研究所所长，到北京大学访问，见到了时任北京大学副校长的郝平教授。交谈过程中，长岛提到，日本宫内厅书陵部的很多工作人员都是他的熟人，有的还是他在早稻田大学任教时的学生，他可以牵线搭桥，帮我们联络复制这批书。其后，我和曹亦冰老师拜见了长岛先生，初步达成了合作意向。再其后，由安平秋先生带队，我们在东京和长岛要市先生进行了会谈，签署了复制宫内厅书陵部宋元版汉籍的协议。当时有争议的是出版权问题，几经谈判，并咨询了日本法律界人士，最终，双方所签协议里写入了允许在中国出版这批书的条款。协议由宫内厅书陵部负责人签字盖章，并报日本文部省备案，在中国驻日本大使馆也备了案。

安平秋：长岛要市先生对中国非常友好，一力促成了这个项目的启动和完成，很了不起。他是一个企业的负责人，为了找一个和我们（教育部全国高校古籍整理研究工作委员会和北京大学古文献研究中心）"对接"的单位，他联系了他的亲戚、日本共立女子学园理事长石桥义夫先生，作为与我们对等的合作方。他还利用自己的私人关系与宫内厅、与宫内厅书陵部的人进行沟通，并帮我们落实了负责复制、核对等具体工作的人，即日本共立女子学园上野惠司教授、宫内厅书陵部的吉野敏武先生等。此外，他还提供财力支持，筹措资金，为宫内厅书陵部买来了先进的复印机、照相机、摄像机等新设备，买纸、买胶卷，等等。

中间，工作曾一度搁浅。我们计划复制143种书，当1999年我们拿到了其中73种的时候，由于日方人员变动等原因，工作停滞了数年。这个时候，长岛要市先生已经患病，但还是决心完成这一工作，又再做各方的工作，终于在他去世之前使整个工作得以完成。记得最后一批是中国驻日本大使馆公使衔教育参赞李东翔先生于2005年回国时帮我们带回来的，是几大箱子的胶卷。整个过程中，日本朋友付出了大量心血，体现了他们对中国友好的一片真心，这是我们永不会忘记的。

问：真是不容易啊。

安平秋：是的。其实后来我们曾想把静嘉堂文库的宋元版书复制了，托一个日本朋友去问，得到的答复是不同意。他们还对我们复制了宫内厅书陵部的书表示不满，他们觉得，天皇的藏书是神圣的，怎么能被我们"弄走"呢！

问：复制回来之后是出版，请介绍一下这一环节。

安平秋：最终，我们从复制回来的书中精选了66种影印出版。精选的标准是：（一）宫内厅藏本为海内外孤本，未见其他藏书机构收藏者；（二）在同书诸多版本中，宫内厅藏本是初刻本或较早版本者；（三）中国国内（包括大陆和台湾）藏本是残本，而宫内厅藏本是足本或较全者；（四）该书学术价值甚高，而海内外至今未有影印本或排印本者。这次影印，我们一仍宫内厅所藏这批古籍的现状，不做校改、修补和任何加工，包括日本阅读者所加的批校也予保留。

出版前，我们做了一些必要的工作。一是组织全国高校古籍整理工作委员会秘书处和北京大学中国古文献研究中心的13位专家将从宫内厅复制回来的144种宋元版古籍与国内所藏同种古籍做了比较研究，从中选择最具出版价值者。二是在上述研究的基础上，为影印的每一种古籍撰写《影印说明》，介绍或考订作者生平仕履，揭示该书的学术价值；并根据历代书目和存世版本考辨该书的版本源流和价值。

我们这样工作的成果之一是发现宫内厅所藏144种宋元版汉籍中至少有4种其实不是宋元版。一是晋杜预的《春秋经传集解》三十卷，宫内厅著录为南宋淳熙三年刻本，实际是明代据南宋淳熙刻本覆刻印行的。二是南宋王应麟的《困学纪闻》二十卷，宫内厅著录为元刊本，实际是明正统年间翻刻元泰定二年庆元路儒学刊本。三是元王幼学的《资治通鉴纲目集览》五十九卷，宫内厅定为元刊本，实为明洪武年间刊本。四是南宋刘应李的《新编事文类聚翰墨全书》，前集100卷、后集34卷，宫内厅著录为元刊本，实际是明初刊本。具体的考证，读者可以留意顾永新、卢伟、顾歆艺、吴国武等学者的相关论文。

从1999年复制回第一批书，到2013年《日本宫内厅书陵部藏宋元版汉籍丛刊》出版，中间有大约14年时间，我们一直在进行研究。上述就是我们研究的过程，而研究的成果主要体现在《丛刊》中每本书的《影印说明》里。

问：您提到出版的这批书都是珍本，能否给我们举些例子？

安平秋：例如《尚书正义》，宫内厅所藏为唐孔颖达单疏本，二十卷，十七册，南宋孝宗前期据北宋监本覆刻，为日本称名寺僧人圆种从宋朝带回日本，现为海内外孤本。《初学记》，唐徐坚等撰，宫内厅藏本为南宋绍兴十七年刊本，而国内已无宋刊本，所存最早的是明嘉靖十年安国桂坡馆刊本。《三苏文粹》，宫内厅藏本为南宋初年刊本，100卷，完整不残，而国内不存此本，所存最早的是国家图书馆收藏的南宋宁宗时刊的70卷本。

杨忠：比如北宋刻本，现在存世的只有十几种，分散在世界各地，堪称凤毛麟角。在我们影印的这批书中，就有三种是北宋刻本。如200卷的《通典》，国内不用说北宋本，连南宋元明的本子都没有，只有清代的本子。宫内厅藏《王文公文集》是南宋刻本，《文集》原为100卷，宫内厅本是前70卷，而上海博物馆藏有后30卷，我们把宫内厅本印出来之后，就拼出了全璧。再如《天台陈先生类编花果卉木全芳备祖》是我国乃至世界上最古老的一部系统的植物词典，为南宋学者陈景沂编纂，成书于1256年，共58卷，分为果、花卉、草木、农桑、蔬菜和药物等部分，收有古代本草类图书的记载，相关的诗文、典故等等。该书国内只存有一部分手抄本（手抄过程中会出现大量错误），而宫内厅保存了该书的宋刻本，虽然是残本（存41卷），但依然是现存唯一的刻本，非常珍贵。这部书对植物学研究的意义就不用说了，其他方面价值也很多，比如前些年国内编《全宋诗》，现在编《全宋诗补编》，都可以从《全芳备祖》中辑佚。

曹亦冰：再补充一个例子。《杨氏家藏方》是南宋时期的一部医书，国内早已失传，而日本有流传。直到近代，我们才从日本获得了珂罗版影印的该书钞本,现保存在北京大学图书馆,被视为珍宝。而宫内厅本是南宋淳熙年间刊本,更为珍贵。我曾拿两种本子进行比对,发现北京大学图书馆的本子存在不少错误,如缺文短字等等。

问:这套书的出版对国内相关领域的学术研究有怎样的意义?

安平秋:这批书有多方面的价值,首先在时间上最接近作品的源头,文字上更为可靠,是我们研读古书可以信赖的版本。古籍整理中,其校勘方面的价值自不待言。另外,这批书对于版本学研究、印刷史研究都有重要意义,这些书的用字、装帧、字体等无不传达了丰富的历史信息。另外,像宋刻本之于研究宋代的避讳,元刻本之于研究元代的简体字,都不无帮助。我们的团队在研究过程中已经撰写了不少论文,相信上海古籍出版社的影印本问世之后,必将在更广的范围内激起一个研究热潮,催生更多学术成果。

（2013年7月24日）

一部《辽史》，两代学人的寂寞与奉献
——访中华书局总经理徐俊

备受关注的点校本"二十四史"及《清史稿》修订工程再出新成果——点校本《辽史》修订本。为此，记者采访了出版方中华书局总经理徐俊先生。

问：继修订本《史记》《新五代史》《旧五代史》之后，新近出版的修订本《辽史》即将上市，请简单介绍一下《辽史》修订本的出版情况。

徐俊：从《史记》修订本出版开始，"二十四史"修订工程进入编辑出版阶段。尽管我们全力加速，但远远不能满足读者的期待。对此我们有清醒的意识和共识，在质量与进度这对矛盾中，前者大于一切。目前有多部修订本在编辑审稿加工中，将以每年两到三部的进度陆续出版。

《辽史》修订由北京大学历史学系暨中国古代史研究中心刘浦江教授主持，2007年10月，《辽史》与《元史》一起通过修订方案，国内辽、金、元史学界的多位专家蔡美彪、周清澍、刘凤翥、王曾瑜等先生参与评审。按照修订程序要求，2008年5月，《辽史》修订组提交了五卷修订样稿，我们分送蔡美彪、陈高华、崔文印、许逸民等先生进行书面评审。随后召开《辽史》修订样稿评审会，蔡美彪、刘凤翥、崔文印、许逸民、张帆等先生参加评审，主持人刘浦江教授和部分修订组成员与会。9月，《辽史》修订样稿印本寄送相关专家学者，进一步征求意见。

从 2007 年 5 月确定修订主持人，到 2014 年 7 月提交全稿，《辽史》修订工作持续了七年时间。交稿之后，刘浦江教授在身患绝症的化疗间隙坚持工作，断断续续用了两三个月时间，完成了全书统稿和修订前言的撰写，直到 11 月正式提交前言定稿、凡例及引用文献。遗憾的是，2015 年 1 月 6 日刘浦江教授因病辞世，未能见到《辽史》修订本的面世。

问：《辽史》点校本，由冯家昇、陈述等先生先后负责点校，1974 年出版。有关《辽史》点校的情况，大家似乎所知不多。

徐俊：《辽史》跟辽史研究一样，一般读者关注较少，关于《辽史》点校的情况大家知道的也很少。我们曾做过一个统计，全部"二十四史"点校本，印数最少的就是《辽史》，40 年 11 印次，共计 10 万套。可见《辽史》和辽史研究的寂寞。

辽、金、元三史的点校，1958 年 12 月约请翁独健先生承担，到 1961 年底才开始落实。三史均由翁独健先生统筹，翁先生在征求本人及其所在单位意见后，确定《辽史》由冯家昇担任，《金史》由傅乐焕担任，《元史》由翁独健自己承担、陆峻岭协助。1961 年 12 月 7 日，翁独健、冯家昇、傅乐焕三位一起参加了在中华书局召开的座谈会，讨论辽、金、元三史点校方案及相关问题处理办法。随着工作的推进，方案经过了不同程度的调整，最终形成了今天我们所见到的点校本。在此期间，三史都经历了比较大的人员变动。

1966 年"文化大革命"爆发。5 月 22 日，傅乐焕先生离开点校驻地中华书局翠微路大院，到陶然亭沉湖自尽。赵守俨先生后来回忆说："在他离开翠微路大院之前，我是最后一个与他谈过话的，我并没有发现他有何异常。这一不幸事件给了我极大的震动，我感到这是不祥之兆，一场暴风雨就要来临。"1971年点校工作重新启动，冯家昇先生已于 1970 年 4 月去世，《辽史》和《金史》改由陈述、张政烺先生分别继续点校。《元史》仍由翁独健先生负责，新加入点校的有邵循正先生和内蒙古大学林沉、周清澍先生及蒙古史研究室全体同志。邵循正先生在工作过程中不幸病逝，未能看到《元史》的出版。

问：现在还能知道冯家昇、陈述先生各自承担的工作重点吗？

徐俊：冯家昇先生的工作除了完成大部分点校初稿外，主要贡献在点校本的发凡起例，从底本、通校本选择、前人成果借鉴，到一名多译等特殊问题，形成了后期定稿的基本框架。在 1963 年 12 月 20 日的辽、金、元三史座谈会上，冯家昇先生表示"《辽史》计划 64 年 12 月底交稿，但可能会拖期"。据1965 年 8 月 31 日辽、金、元三史工作会议纪要，"《辽史》全书初点过一遍，校至第六十六卷。做了版本校、本校、他校，并吸收了前人研究成果"，计划 1967 年完成。到"文化大革命"爆发前夕，1966 年 4 月 1 日，他在给赵守俨先生的信中说："从4 月到 7 月底，我的主要工作是杨图（指"重绘杨守敬地图"——引者注）。我打算把《辽史》从九十卷以后校完。从 8 月到 9 月，一面作补充，一面作一些校记修改。11 月到 12 月底作一些分段与覆点工作。（可能做不完，但保留不会太多。）"以此推算，冯家昇先生完成了超过三分之二的点校和校勘记。

学术界有"辽史三大家"一说，冯家昇先生是三家之首。冯家昇早年受陈垣、洪业、顾颉刚等影响，致力于辽金史研究。后赴美国国会图书馆、哥伦比亚大学工作，继续从事辽史研究。他与美国学者魏特夫合撰的《辽代社会史》，仍为辽史研究名著。冯家昇早在 20 世纪 30 年代就读燕大时就开始校勘《辽史》，他的辽史研究代表作《辽史源流考》《辽史初校》《辽史与金史、新旧五代史互证举例》，1959 年结集为《辽史证误三种》由中华书局出版。

冯家昇先生的《辽史初校》，谨遵陈垣先生的"四校法"：（一）《辽史》百衲本、南北监本、殿本的互校；（二）《辽史》纪、志、表、传之间的本校；（三）他书所存《辽史》引文的查检核校；（四）《辽史》与金、宋、五代、高丽史的互证；（五）仿王先谦《水经注》校注体例，辑录前人关于《辽史》的论述，并加按语。可以说，完成了《辽史》点校最基础的工作。

接续冯家昇点校《辽史》的是"辽史三大家"中的另一位，陈述先生。1971 年"二十四史"点校工作重启后，分为南北朝组、辽金元组、明史组、清史稿组，共四个小组。辽金元组"由韩儒林、邵循正、翁独健、张政烺、陈述等组成"，"《辽史》（初步点校完毕）：陈述在冯稿基础上修改加工"，计划 1972年上半年付排。陈述先生曾任中国辽金史学会会长、中国辽金契丹女真史学会会长，对现代辽金史学科的建设贡献卓著。陈述先生早年在中研院历史语言研究所工作，1941 年 11 月，陈寅恪先生为陈述《辽史补注》作序，盛赞"《补注》之与《辽史》，亦将如裴注之附陈志（陈寿《三国志》），并重于学术之林"。

陈述先生《辽史补注》撰写起始于 20 世纪 30 年代史语所时期，但到 1971 年接手《辽史》点校，《补注》尚在补充撰著之中。此前陈述先生还曾辑校各家所录辽文及其新获者（包括碑刻文献），编为《辽文汇》（后改为《全辽文》由中华书局出版）。《辽史补注》和《辽文汇》的长期积累，对《辽史》点校起到了学术支撑的作用，对冯家昇先生点校的初稿是一个有力的补充。《辽史》于 1974 年 10 月出版，当时陈述先生曾请担任"总其成"的顾颉刚先生为《辽史补注》作序，"幸随点校本二十四史以并行"，顾先生序说："我们这次校点工作，可能有一些缺点错误，但质量都有所提高，由于《补注》的出版，显然又是一个新的突破。"

元修宋、辽、金三史，《辽史》历来被评为"太简略""最简略"，但因为辽代文献缺乏，《辽史》成为辽史研究的最基本典籍。点校本《辽史》，经过冯家昇、陈述两位辽史大家的整理，为近半个世纪以来的辽史研究提供了一个基本准确规范的通行文本。

问：您参与了修订工程的组织实施，请您谈谈《辽史》修订的有关情况，包括《辽史》修订的一些具体做法。

徐俊：对于修订承担单位和主持人的遴选，我们主要遵循以下两条原则：一是从延续性考虑，尽量选择原点校单位；二是从学术力量考虑，尽量选择于本史有积累的学科点。北京大学刘浦江教授是当代辽金史学界杰出的年轻学者，在着手"二十四史"修订之初，我拜访蔡美彪先生，谈到辽金史修订，蔡先生就首先推荐了刘浦江。因此，在2006年我们做第一轮调研的时候，《辽史》修订就已经基本确定由北大承担、刘浦江主持。开始我曾想由北大同时承担辽金二史，后来因为张帆参与陈高华先生主持的《元史》修订，这个想法才作罢。

《辽史》修订前期规定动作和必备程序，极其顺利，各史无出其右。其中有史书差异、原点校本差异、修订组准备等各种因素，但主持人的学术积累和修订力量组织起了关键作用，而《辽史》修订组在这两个方面的优长都非常突出。

就整个"二十四史"修订来说，相对于其他各史和各史主持人，我们与《辽史》修订组的工作交流机会是相对少的。修订工作顺利，反复讨论就少；修订工作周折，相互探讨甚至开会就多。《辽史》从开始阶段的修订方案、修订样稿，到中间阶段的二次样稿，没有任何磕绊，意见一致，省去了很多工夫。而且《辽史》修订组一些行之有效的做法，在各史初期摸索阶段，还起到了样板示范的作用。

简单举个小例子。如何吸收前人成果，包括断代史研究成果、与本书密切相关的文献研究成果、针对点校本的校勘成果，等等，是修订最基本的准备工作。修订工作总则对此提出了明确的普查和吸收的要求，但怎么做并不明确。《辽史》修订组的做法非常有启发性。在2007年10月讨论修订方案时，修订组已组织人力对前人有关《辽史》的校勘、勘误论文进行了全面搜集，整理装订成《辽史勘误》一册（250 页），收入 1942 年以来散见于报刊、文集的论文、札记，共 62 篇。做到这一点，似乎很平常，关键是下一步，他们把每一篇文章里面涉及的校勘点，都在文章的显要位置标出，然后再将各篇文章所涉及的《辽史》卷次，统编为《辽史各卷勘误索引》。这样《辽史》某卷有哪几篇文章、在什么位置，涉及哪些校勘问题，一目了然。每个参与修订的人，都可以由此几无遗漏地掌握前人对某一校勘点的意见。

另外，针对原点校本对新出考古材料和石刻资料用得较少，《辽史》修订组还编制了《辽代石刻新编》，以供修订采用。如何统一把握参与修订的人在资料获取上的均衡一致，一直是我们关注的问题，所以，当我听到刘浦江教授介绍这个做法，并把已经完成的《辽史各卷勘误索引》交给我们的时候，我是由衷地叹服他的工作成效。我们后来在各史都推广了这个做法。这看起来只是一个具体改进，但却是减少重复劳动而又消弭遗漏的非常有效的办法。

再如修订长编，按照修订要求，每史修订在校勘记撰写之前都要撰写修订长编，记录所有校勘点的文本差异、文献依据和考辨过程。当我第一次看到《辽史》修订长编的时候，也为长编的深入和细致深为叹服，长编不但对每一条校勘的文献引用、考证过程有清晰记录，引述今人论文，都一一注明篇名和页码，真正实现了我们提出的一切都可回溯的目标。

问：刘浦江教授将学生培养与《辽史》修订相结合，您怎样评价这种工作方式？

徐俊：20世纪的"二十四史"点校，与有关断代史学科建设之间的关系，是人所共知的，很多学术佳话流传至今。点校工作依赖断代史学科的发展，也一定程度上强化了学科的优势。因此在修订工程启动之初，我们除了将通过重点项目培育优秀古籍整理编辑作为我们自身的要求和目标外，也支持承担单位通过修订，培养学术新人，推动学科建设。修订本各史在学术团队的培育上各有建树，《辽史》修订组在这方面尤其突出。

在接受《辽史》修订之初，刘浦江就表示要采用读书班的形式，在版本对校、本校，并广泛查检已有成果的基础上，对《辽史》逐卷进行集体研读。读书课上对每一个校勘点进行查考研讨，撰写详实的修订长编，斟酌校改取舍，形成校勘记初稿。从2007年5月19日第一次读书课，到2013年6月完成全书会读，长达六年，每周六上午9点到下午5点，北大中古史中心的计算机室，雷打不动地成为《辽史》修订组读书课。事实说明，这是一个行之有效的方式，修订工作有系统、有深度，同时一批学术新人夯实了文献根基，培养了严谨扎实的学术品格，顺利进入专业研究并取得了可喜的成果。修订组成员结合修订工作，出版了专著《〈辽史·百官志〉考订》，撰写了二十多篇学术论文，不少是辽史研究中人们长期关注的问题。刘浦江生前常说自己太寂寞了，希望下一代研究辽金史的人不那么寂寞。这是事关一个学科承续的大关怀！

刘浦江去世后，我看到修订组同学发的帖子，2013年6月，在《辽史》第一遍会读结束后，刘浦江写给同学们的信，充满热情地讲道："这是收获丰厚的青春，这是无怨无悔的青春！"
每每重读至此，我都非常感动。我想，对修订组刘浦江的弟子
们来说，这将是他们学术生涯不断前行的永久的精神资粮。

问：刘浦江教授因病去世，给《辽史》修订定稿带来怎样
的影响，我想这是大家关心的话题。

徐俊：《辽史》修订组在 2013 年 6 月完成全书会读，此后
刘浦江教授于 2014 年 4 月被确诊为淋巴癌晚期，7 月向中华提
交了《辽史》全部 116 卷修订稿（每卷有校勘记和长编两个文件），
11 月 18 日提交前言、凡例及参考文献。这个时候，离他去世只
有一个多月的时间，他在病后两次化疗的间隙，顽强地坚持做
完了统稿工作。可以说，刘浦江教授是用最后的生命冲刺般地
完成了《辽史》修订，没有留下任何棘手的难题。根据他在病
中的嘱咐，由自始至终参与修订的邱靖嘉负责统筹，年轻的修
订团队与我们编辑组密切配合，圆满完成了最后的排校及定稿
清样通读。

《辽史》修订稿交来后，我们陆续约请了蔡美彪、刘凤翥、
王曾瑜、陈智超、宋德金、张帆、吴丽娱、王素等先生外审，
其中蔡美彪、刘凤翥二位先生的审稿意见在刘浦江生前收到并
已转他参酌。刘浦江教授在前言、凡例及最后一批稿子交来以后，
曾经与我们的责任编辑通电话，特别关心外审专家的后续意见。
他最后的电话就是问《辽史》修订的反馈意见，而且希望在春
节前开一次修订组内部会议，安排春节过后病情平稳期间的最
后修改定稿工作。

　　《辽史》编辑审读加工和修订组完善修改工作，又经历了一年多时间，修订组不负嘱托，通力合作，保证了最终的修订质量。关于《辽史》修订本所到达的学术高度，需要学术界来检验和评价，不是我一个外行所能评说，但我觉得修订本《辽史》作为辽史研究和辽史文献整理的一个新的标杆，是不用置疑的。

　　薪尽火传，刘浦江教授在天之灵一定会感到欣慰的。

（2016年5月4日）

《鲁迅著译编年全集》答问

——访止庵先生

有人统计，"鲁迅全集"共出版约十个版本，其中包括了1949 年以前的两个版本和台湾地区 1989 年的一个版本。在诸多版本中，流传最广的是人民文学出版社的《鲁迅全集》，其最新版是 2005 年 11 月版。那之后，天津人民出版社有《鲁迅全集补遗》、福建教育出版社有《鲁迅译文全集》，对"人文版"《鲁迅全集》均有补足之功。日前，人民出版社推出由王世家、止庵编的《鲁迅著译编年全集》（下称《编年全集》），提供了"鲁迅全集"的一个全新版本。在"鲁迅全集"的出版已经蔚为大观、较为完善的情况下，为什么还要编这样一个新版本？以"编年"的方式阅读鲁迅，能否读出一些"新意思"？就这些问题，我们采访了《编年全集》的编者之一、北京鲁迅博物馆客座研究员止庵先生。

问："鲁迅全集"和鲁迅作品出版已很多，您觉得为什么有必要编一套《编年全集》？

止庵：以编年体而且是具体系于年月日的方法，来编排一位作家现存的全部日记、创作、翻译、书信，在中国大概还是第一次。正如我们在"凡例"中说的，"本书旨在为读者和研究者提供一部'纵向阅读'鲁迅的文本"，具体说来，一是按照时间顺序来读；一是将日记、创作、翻译、书信一并来读。这种读法也许更能体会鲁迅的生命历程。也可以反过来说：假如读者和研究者希望体会鲁迅的生命历程，希望具体详细地了解他的文学生涯和思想进程，了解他的创作与翻译如何相互影响和补充，以及他私下给朋友信中的说法与公开发表的文字的异同，等等，看看这套书大概有些帮助，或许能发现过去分开看他的创作、翻译、书信、日记，或者只看其中某一部分时，所不曾发现的一些问题。鲁迅是 20 世纪中国影响最大的作家，值得"纵读"一番。

　　然而正如"凡例"讲的，这套书"在编辑体例上仅是一种尝试"，无意以此替代此前出版的《鲁迅全集》。《鲁迅全集》先后出版过 1938 年、1958 年、1981 年和 2005 年几个版本，都是保留"鲁迅自编文集"原貌的编法，在此之外，不妨另有一种编法。就各种已出的《鲁迅全集》而言，1938 年版虽然有不少遗漏，譬如未收书信、日记，很多佚文也有待日后陆续发现，但它却更接近于"全集"，因为包括了鲁迅的翻译作品和所整理的古籍作品。1958 年版实际上是"鲁迅创作全集"，此外另出了一部十卷本的《鲁迅译文集》。1981 年版较之 1958 年版内容上多有补充，编辑思路却是一样的，仍然属于"鲁迅创作全集"。2005 年版是对 1981 年版的修订，整体框架上并无改变。去年出版的《鲁迅译文全集》，则是从前那套《鲁迅译文集》的修订增补之作。

　　问：《编年全集》"凡例"称"收录迄今所发现的鲁迅全

部作品"，请问此书与"人文版"《鲁迅全集》相比在收文方面有何不同？篇幅是否比人文版要大不少？

止庵：人民文学出版社"二○○五年新版《鲁迅全集》修订概况"称："根据鲁迅著作的出版规划，将以《鲁迅全集》《鲁迅译文集》《鲁迅辑录古籍丛编》《鲁迅科学论著》来分类整理出版鲁迅的著作。"我们这套书，大概相当于《鲁迅全集》《鲁迅译文集》和《鲁迅科学论著》中鲁迅自己作品的全部，加上《鲁迅全集补遗》中可靠的篇章，以及到《编年文集》付印为止新发现的鲁迅佚作。单就鲁迅创作来说，增补了40篇左右。另外还收录了鲁迅的全部日文作品。

另一方面，则如"凡例"所说，"鲁迅生前编入自己文集而确系他人所作或由他人代笔者，列为附录"。这包括周作人的4篇文章（原收《热风》）、瞿秋白的12篇文章（原收《伪自由书》《准风月谈》），以及冯雪峰代笔的《答托洛斯基派的信》《论现在我们的文学运动》等。

"凡例"又说："其余他人之作，包括鲁迅编集时文后所附'备考'，概不收入。"这还包括曾收入《鲁迅译文集》和《鲁迅译文全集》的《与支那未知的友人》（周作人译）、《项链》（常惠译）、《以理论为中心的俄国无产阶级文学发达史》（冯雪峰译）、《〈毁灭〉代序——关于"新人"的故事》（"朱杜二君"译）、《〈毁灭〉作者自传》（亦还译）、《关于〈毁灭〉》（洛扬即冯雪峰译），以及海尔密尼亚·至尔·妙伦著《小彼得》一书。《小彼得》曾由鲁迅"大加改译了一通"，但是在他自拟的《鲁迅著译书目》中，属于"所校订者"，与《二月》（柔石作）、《小小十年》（叶永蓁作）、《穷人》（韦丛芜译）、《黑假面人》（李霁野译）、《红笑》（梅川译）、《进化与退化》（周建人译）、《浮士德与城》（柔石译）、《静静的顿河》（贺非译）和《铁甲列车第一四——六九》（侍桁译）同归一类，这些都不是鲁迅的著译。《小彼得》署"许霞译"，这是许广平的笔名，鲁迅自己从来没有用过。

网上有种说法："鲁迅全集在建国前早就出版了，建国后再版，据说都被阉割了。"这里可以澄清一下。鲁迅生前在报刊上发表的文章的确常遭删改，他说："这删改，是出于编辑或总编辑，还是出于官派的检查员的呢，现在已经无从辨别，但推想起来，改点句子，去些讳忌，文章却还能连接的处所，大约是出于编辑的，而胡乱删削，不管文气的接不接，语意的完不完的，便是钦定的文章。"而他汇集出版时，"将刊登时被删改的文字大概补上去了，而且旁加黑点，以清眉目"（《准风月谈·前记》）。然而无论 1938 年版，还是 1958 年、1981 年和 2005 年版《鲁迅全集》，对于鲁迅自己的文字均未做过任何删改。

不过鲁迅的译作倒是确曾遭到"阉割"：他翻译的托洛茨基《亚历山大·勃洛克》一文（收入胡斅译《十二个》，1926 年 8 月北新书局出版），为 1938 年版《鲁迅全集》所漏收，而 1958 版《鲁迅译文集》有意不收。2008 年版《鲁迅译文全集》和我们这套书都收入了。另外，鲁迅译作中有两段话提到托洛茨基，其一见 D. 孚尔玛诺夫著《革命的英雄们》（收入《一天的工作》）中：

到八月底，敌人离古班地方的首都克拉斯诺达尔市，已只四五十启罗密达了。这时便来了托罗茨基。议定许多新的紧急的策略，以排除逼近的危险。后来成了最重要的那一个策略，也就包含在这些里面的。

其一见 L.班台莱耶夫著《表》中：

他们走进一间大厅里。壁上挂着许多像，李宁，托罗茨基。

在《鲁迅译文集》中都相应有所删改。《鲁迅译文全集》恢复了前一处，后一处仍作："他们走进一间大厅里。壁上挂着列宁像。"我们这套书恢复了其原貌。

问：书中的每篇文字均要以完成时间排序，但恐怕总有一些文字写作时间难于确定，对此如何处理？某些作品写作时间的考定很费周折吧？

止庵："凡例"："收入本书的作品，均依完成先后排列。同一时间项下，以日记、创作、翻译、书信为序；著译作品先小说，后散文、诗歌。能系日者系日，无法系日者系月，无法系月者系年。写作时间未明，则系以初次发表时间，于题目右上方标一星花以示区别。"

鲁迅不少文章篇末署有写作日期，再加上日记、书信的相关记载，他的大部分作品都能系上写作时间。不过有些篇末所署日期，是鲁迅后来编集子时添加的，与日记记载并不一致。

譬如鲁迅1920年8月5日日记："小说一篇至夜写讫。"此即《风波》，发表于同年9月1日《新青年》第八卷第一号。收入《呐喊》时，篇末却署"一九二〇年十月"。又如鲁迅1927年4月3日日记："作《眉间赤》讫。"《眉间尺》发表于同年4月25日、5月10日《莽原》第二卷第八、九期。收入《故事新编》时，改题《铸剑》，篇末却署"一九二六年十月作"。凡此等处，均从日记。收入《坟》中原载《河南》的几篇文章，篇末均署"一九〇七年作"，其中《人之历史》1907年12月发表于第一号，《摩罗诗力说》1908年2月、3月发表于第二、三号，《科学史教篇》1908年6月发表于第五号，《文化偏至论》1908年8月5日发表于第七号，不大可能都是"一九〇七年作"，为稳妥计，我们将各篇分别系于发表时间。

"凡例"中说"收入本书的作品，均依完成先后排列"，又说"鲁迅对自己的作品每有修改，此次编集，只收录最后定稿"，实际上是以"最终完成"来确定"写作时间"或"发表时间"。譬如鲁迅1930年12月26日日记："夜译《溃灭》讫。"1931年9月15日日记："夜校《毁灭》讫。"（《毁灭》曾以《溃灭》为译名）我们将《毁灭》的写作时间系于后一时间，而不系于前一时间。又如鲁迅1923年12月20日日记："夜草《中国小说史略》下卷毕。"同年12月和1924年6月，《中国小说史略》上、下册分别出版。此后鲁迅不止一次改订，于1935年6月印行定本第十版。我们既采用《中国小说史略》定稿本，只能按发表时间——最后一次修订的具体时间不详——系于1935年6月。

"凡例"："凡能独立成篇者，无拘长短，均单立一题；中、长篇作品，亦一律保持完整，不予割裂。"也来举个例子。鲁迅 1925 年 1 月 24 日日记："自午至夜译《出了象牙之塔》两篇。"1月 25 日："夜译文一篇。"1 月 26 日："下午至夜译文三篇。"1月 28 日："夜译白村氏《出了象牙之塔》二篇。"2 月 11 日："夜伏园来，取译稿以去。"2 月 18 日："下午寄伏园信并稿。……译《出了象牙之塔》讫。"虽然日记里有这些线索，但是厨川白村的《出了象牙之塔》不能拆析，故完整地系于 1925 年 2 月18 日。

我们一再斟酌，反复讨论，才拟定这套书的"凡例"；力求以此贯穿始终，杜绝例外，做到自圆其说。

问：《鲁迅全集》校勘和注释的问题颇受关注，《编年全集》校勘和注释的原则是怎样的？据"凡例"，《编年全集》中，日记、书信据手稿影印本校勘、整理。请问，日记、书信为何未直接移用以前出版的《鲁迅全集》或者《鲁迅日记》《鲁迅书信集》呢？

止庵：从 1958 年版到 2005 年版，《鲁迅全集》的几次修订，很大精力花在注释方面。而在我看来，注释本只是一种有可能帮助读者理解的普及本。我们这套书则是"白文本"，除了"凡例"所说"编者于各篇篇末，对最初发表时间，所载报刊，作者署名（署'鲁迅'者略）及首次收集情况（限于鲁迅自己所编者）略作说明"外，别无注释。

"凡例"："收入本书的著译作品，均以鲁迅生前最后定稿版为底本，未收集者以原载报刊为底本，参校各版《鲁迅全集》及 1958 年版《鲁迅译文集》。某些篇目据手稿录入。日记、书信据手稿影印本校勘、整理。"鲁迅作品虽经多位专家反复校勘，但仍不能说完全没有问题。譬如2005年版《鲁迅全集》第十二卷，《致章廷谦》（1927年7月17日）中有"因为钟敬文（鼻子傀儡）要来和我合办"一句，核对手稿，"鼻子傀儡"当作"鼻之傀儡"。又如《鲁迅全集》第十七卷，日记1936年6月5日项下印作："晴，午得雷金茅信。孟十还赠《密尔格拉特》一本。自此以后，日渐委顿，终至艰于起坐，遂不复记。其间一时颇虞奄忽，但竟渐愈，稍能坐立诵读，至今则可略作数十字矣。但日记是否以明日始，则近颇懒散，未能定也。六月三十下午大热时志。"核对手稿，"自此以后"以下本是另外一段，不应与六月五日所写接排。这种地方，我们都订正了。

问：在编《编年全集》的过程中，您是否有什么新鲜的发现？

止庵：鲁迅在《且介亭杂文·序言》中说："凡有文章，倘若分类，都有类可归，如果编年，那就只按作成的年月，不管文体，各种都夹在一处……分类有益于揣摩文章，编年有利于明白时势，倘要知人论世，是非看编年的文集不可的。"要讲"发现"，正在于"明白时势""知人论世"，具体说则很丰富，也很琐细，我曾在《"纵读"鲁迅》一文中略述一二，可以参看。这里"纸短言长"，还是以后再找机会详细报告吧。

（2011年9月21日）

中国诗歌注重的是兴发感动

——访叶嘉莹先生

今年（2014年），中国古典诗词研究大家叶嘉莹先生年届九秩。在先生90华诞之际，原国务院总理温家宝、加拿大总理史蒂芬·哈珀等发来贺函，对她为弘扬中华诗教所作出的贡献表示敬意。多年来，叶嘉莹先生在中国古典诗词的教学和传播方面投注了极大心力，其中对古诗词吟诵的提倡受到了广泛关注，取得了良好效果。新时期的吟诵主要有传统吟诵、普通话吟诵、新吟唱三种形式，而叶嘉莹先生是传统吟诵的代表性人物。前不久，叶嘉莹先生出版了《古典诗歌吟诵九讲》（广西师范大学出版社2014年版）一书，记者围绕此书及古典诗歌传播的一些问题对她做了采访。

问：中国古代讲究"诗教"，请问您如何理解中国"诗教"的传统？

叶嘉莹：《尚书》云："诗言志。"《毛诗序》曰："诗者，志之所之也。在心为志，发言为诗。"繁体的"志"写作"誌"，左边是"言"，右边上面是"之"（意为到什么地方去），下面是"心"。按古人的理解，诗是表达"志之所之"，即呈现你心念、志意的活动。在心为志，表达出来就是诗。因此，中国的诗歌注重的是人内心的兴发感动。人对于宇宙、人生乃至万事万物要有一种关怀，学诗即可培养这样一种关怀和爱心。

问：您多年来提倡古典诗词吟诵，请问什么是吟诵，吟诵的方法是怎样的？

叶嘉莹：《周礼·春官·宗伯》写道："以乐语教国子：兴，道，讽，诵，言，语。"讲的就是学诗的步骤。所谓兴，就是兴发感动。所谓道，通"导"，就是给小朋友一个正确的引导，要把这首诗真正的感发作用在哪里告诉他。什么叫讽？古人有注解，说"讽"是"不开读之"，也就是不打开书本地读，背诵的意思。什么叫诵？古人的注解是"以声节之"，也就是要有一个节拍和调子。什么是言和语？发端曰"言"，你说一句话引一句诗；答述曰"语"，我答一句话也引一句诗。《左传》里记载了很多这样的故事，特别在外交场合，用诗句来问答，这是多么美好的一个时代！

我看报纸上报道有人提倡读经，让小孩子背古书，可是不讲解，也不教他们认字。这样怎么可以！读书当从识字始。而且，教孩子读诗的话，你要告诉他诗人的兴发感动在什么地方。比如杜甫的《秋兴八首》，你要告诉他，杜甫是怎样一个人，他在怎样的历史环境中，他如何到了四川，到了巫峡、夔州，他过去有什么理想和抱负，他是如何准备回北方去，因为路上不平静，所以羁留在夔州，写下了《秋兴八首》，然后你再带他读"玉露凋伤枫树林，巫山巫峡气萧森"，这样，他才能对诗有理解，有感动，然后才是背诵、吟唱。如果一上来就是背诵，仅仅是背诵，还背得一串错字别字，有什么用！

问：古人有古音古调，比如《诗经》，可能它原来的发音和声调我们不了解，读起来都不押韵，不像唐诗宋词那样朗朗上口。这个问题我们该如何处理？是一定要去了解它原来的读音和声调呢，还是可以有一定的妥协？

叶嘉莹：这是可以有伸缩的。一般读诗，要注重平仄，平仄声一定要读对了。普通话里把很多入声字都念成了平声，这样就不合乎格律了。要尽量把它念到正确，把格律念对了。至于古音，像《诗经》和《离骚》，有人写过《毛诗古音考》《屈宋古音义》这样的著作，我们现在并不需要做那样的工作，因为如果按照古音来读，现在根本读不下去。我在加拿大 UBC 大学时，我们的系主任蒲立本专门研究中国古代的声韵，他教大家读《关雎》，"关关雎鸠，在河之洲"，严格读古音，大家都听不懂。我想平仄还是要讲究的，比如杜甫的《春夜喜雨》，"好雨知时节，当春乃发生"，"节"和"发"都要念入声，不能念错了。

问：前些年，有的地方语文教科书减少了古典诗歌的数量，引起了批评，您怎么看？

叶嘉莹：具体情况我不太了解，我不知道课本里选了哪些诗歌，又删去了哪些诗歌，所以无法具体地进行评论。我认为重点不在数量，而在于你选得好不好，是不是选了真正精华的作品，你选得再多，如果是糟粕的作品，也毫无意义。另外也在于你怎么教。还有，不要看低小孩子的智能，只让他背浅近的诗。你让他背"鹅，鹅，鹅，曲项向天歌"，这是骆宾王几岁时写的，算不上好诗。你就让他背杜甫的"玉露凋伤枫树林"，只要讲解明白，他一样会喜欢。

问：现在有不少人喜欢写作旧体诗，像中华书局等单位举办的"诗词中国"传统诗词创作大赛吸引了很多人参与，像周啸天以传统诗词创作获鲁迅文学奖引起争议，您对当下旧体诗创作的状况怎么看？

叶嘉莹：我了解不多。我知道有写得不错的，但水平参差不齐。写诗关键在于您是不是真正的诗人，有没有真正的兴发感动。有个人给我看他的诗集，他用诗写日记，每天都写一首两首的，我说你可以用诗写日记，但那不是诗。台湾大学里开设有"诗选及习作""词选及习作"等课程，学生要学习作诗的格律，要交一些作业，不过勉强凑出来的，也不见得好就是了。

问：您如何看现代诗，以及西洋的诗歌传统？

叶嘉莹：现代诗也有很灵巧的句子，像顾城的《一代人》："黑夜给了我黑色的眼睛／我却用它寻找光明。"现代诗有很多种，从胡适之的白话诗，到后来郭小川、贺敬之的朗诵诗，再到顾城、舒婷的朦胧诗，还有台湾的现代诗，不能一概而论。现代诗接受的影响其实主要是外国的传统。

汉语的"诗歌"翻译成英文是 poetry，其实 poetry 不是指我们这样的诗，而是指古希腊的 epic（史诗）和 drama（戏剧）。西方特别缺中国的词这样的作品。中国的诗还可以翻译，词很难翻译得好。中国早期的词都是写男女之情的，温飞卿、韦庄、冯延巳、李后主，都写爱情，外国人看不出有什么差别。其实温、韦、冯、李、大晏、欧阳，每个人都有自己的风格。西方人很难体会这些，翻译出来都是"有一个美丽的女孩，我很喜欢"，其实，没有这么简单。

问：估计很多人问过这个问题：您最喜欢的诗人，或者说对您生命和心灵影响最大的诗人是谁？

叶嘉莹：很难说，各人有各人的好处。我教杜甫最久，但最喜欢的是陶渊明，也喜欢李商隐。

问：前面您谈到读经，现在有不少读经班，让小孩子背《论语》之类，您怎么看？

叶嘉莹：我觉得可能还是有一些好处的。比如我，开蒙的读本就是《论语》，里面的一些话，我终生受用。比如"躬自厚而薄责于人"，对自己要苛求，对他人要薄责。又说"行有不得反求诸己"，"吾日三省吾身：为人谋而不忠乎？与朋友交而不信乎？传不习乎？"，都是说对自己要求要严格，这是我自小受到的教育。这是一种"弱德"，我提倡"弱德之美"，而现在很多人可能是以强为美，我要夺取，我要争取，我要打倒别人，我要不择手段地取得一切，我们小时候的教育和观念不是这样的。弱德是一种德，不等于软弱，你要持守自己，严格要求自己，不是向别人争取什么，无论怎么艰难困苦，都努力尽我的力量和责任。我的一生不是很顺利的，但我努力持守，我不是一个弱者。

（2014年12月17日）

"我只愿意研究自己喜爱的诗人"

——访莫砺锋教授

2020 年 4 月 23 日，广受瞩目的 2019 年度"中国好书"获奖名单揭晓，江苏凤凰文艺出版社《莫砺锋讲唐诗课》入选。这是该书继入选中国出版协会 2019 年度 30 本好书、《中国新闻出版广电报》2019 年度好书之后，所获得的又一项荣誉。

《莫砺锋讲唐诗课》是一本介于学术与普及之间的古典文学读物。分为四个部分："诗人评说"的 4 篇文章讨论了谁是唐代最伟大的诗人，并详解诗仙李白、诗圣杜甫、诗王白居易等三位诗人；"名篇细读"的两篇文章是对《春江花月夜》《秋兴八首》逐字逐句的精讲；"名篇小札"的 30 篇文章，系从唐诗名篇中抽绎出问题并作解答，带领读者探究赏析若干名作，并对唐诗接受史上人们对一些诗人和作品的误读与偏见作了辨析，等等；"问题探索"的 4 篇文章分别涉及唐诗意象密度、后人对唐诗名篇的删改等学术问题。

日前，莫砺锋先生接受记者采访，围绕该书出版缘起和一些具体论述作了讨论，并分享了他关于唐诗学术研究和大众传播的一些思考。"我本人的研究确是偏重文艺学方法的。况且我在文献学、考据学方面功力薄弱，对别人的优秀成果只能心向往之。"谈到自己的学术工作，莫老师一如往昔地谦虚。"（我）只愿意研究自己喜爱的诗人。……我认为如果是做考证方面的研究，当然不应该感情用事。但如果是对作家作品做价值评判，那么带着感情并不是一件坏事。……像李、杜那样的人物，历经千百年读者和论者的严格审查，其人品确是第一流的。"谈到自己的研究对象，莫老师充满感情，并自然流露出一股"正大"之气。这些地方，都让我特别地感动和起敬。

问：恭喜大著入选 2019 年度"中国好书"。以我的理解，此书应该是您四十年唐诗研究成果的精粹，也是一本有一定学术性的唐诗普及读物。能否请您简单介绍一下书中文章的研究和写作情况？在编选过程中，您如何把握本书学术性和普及性的平衡？

莫砺锋："精粹"二字万不敢当，但说拙著是"一本有一定学术性的唐诗普及读物"，也许不算过分。本书的编选完全是由程千帆先生的《唐诗课》引发的。2018 年，人民文学出版社推出程先生的《唐诗课》。该书共收 11 篇论文，大多是关于唐诗的。其中有一篇是程先生与我合写的《他们并非站在同一高度上——读杜甫等同题共作的登慈恩寺塔诗札记》，编辑来信请我授权，所以我第一时间就得到样书。《唐诗课》出来以后，反响很好，江苏凤凰文艺出版社闻风而动，派出编辑登门约稿，请我也编一本《唐诗课》，跟程先生的书相衔接，表示薪火相传的意思。我的唐诗研究本是程先生手把手地教出来的，我也愿意借此机会向程先生表示感谢，于是接受了约稿。我的主观愿望是尽可能在学术性与普及性之间达到平衡，尽可能用浅近易懂的语言向读者讲解有关唐诗的基本问题，但效果如何，就不得而知了。本书能获奖，是对我从事普及工作的极大鼓励。

问：通读全书可以发现，您关于唐诗的研究和写作偏于文艺学的视角，重视对作品的理解、赏析，而近四十年来，学院里的唐诗研究，文艺学的方法似有点边缘，而诸如结合历史学（政治史、社会史、文化史）的研究，根据新出文献（如石刻）开展的研究（以及更广泛的文献学进路的研究），对唐诗传播史、接受史的研究等等，都更受关注和重视。请问您如何看待当代唐诗研究的现状？为什么您更喜欢文艺学研究方法？

莫砺锋：不但是唐诗，整个中国古代文学研究近几十年来的主要风尚就是实证性研究，包括文献整理与史实考据都得到加强，而且成绩喜人。近年来在各种学术评奖活动中获奖的成果，几乎都属于您所说的几个方面，文艺学的研究成果罕有所闻。在唐诗研究方面，重编《全唐诗》是受到学界瞩目的大工程。因为《全唐诗》乃清人所编，错误、遗漏相当之多，现在有两所大学正在重编《全唐诗》，南大所编的今年就能出齐，复旦所编的也不久就能问世，这对唐诗研究有重要的促进作用，是文献学范畴的重要学术成果。总之，偏重文献学、历史学乃至社会学等方面的唐诗研究成就有目皆睹，已成风尚。但是在南大古代文学学科，我们的学风特色就是文献学与文艺学结合，程千帆先生从20世纪50年代起就呼吁两者不可偏废，他本人的学术研究也是两者兼长的。我也对两者都很重视，但由于我在古代文学界是一个半路出家者，是从研究生阶段才始操此业的，我其实只是个唐诗宋词的爱好者。以普通读者的身份来从事研究，往往会偏爱艺术分析。所以我本人的研究确是偏重文艺学方法的。况且我在文献学、考据学方面功力薄弱，对别人的优秀成果只能心向往之。

问：您在个人《学术小传》中写道，"我研究的对象大多是我感兴趣的，甚至是我十分欣赏乃至热爱的"，"当我研究他们时，就会带着几分感情"。读您的文章，确实觉得您笔端常带感情，很有感染力，但是，太喜欢自己的研究对象的话，会不会过于美化和偏袒他们？比如我们知道李白、杜甫都有通过干谒求名求官的事，这可能是他们不算很光彩的一面，但您会为他们辩护，认为他们求官是为了安邦定国或曰"致君尧舜上，再使风俗淳"的理想，与有些人为了富贵求官不可同日而语。

莫砺锋：我从事学术研究，基本上是从兴趣出发。也就是说，我一般只读自己感兴趣的书，只愿意研究自己喜爱的诗人。带着感情来写学术论著，有人认为这会影响论断的客观性。我的看法不同。我认为如果是做考证方面的研究，当然不应该感情用事。但如果是对作家作品做价值评判，那么带着感情并不是一件坏事。在唐代诗人中，我阅读的重点是李、杜、韩、白和王维、李商隐等人。在宋代诗人中，我阅读的重点是苏轼、王安石、黄庭坚、陆游等人。我的研究重点则是杜甫、苏轼、黄庭坚和陆游。由于中国人评价文学家时向有"人文并重"的传统，凡是人品较差的文学家，都已遭古人批评乃至舍弃。所以像李、杜那样的人物，历经千百年读者和论者的严格审查，其人品确是第一流的。至于干谒求官，则是当时读书人的唯一出路，李杜当然也未能免俗。我说他们求官的根本目的是安邦定国，是由于在他们的作品中反复读到此类表述。叶燮说得好："诗是心声，不可违心而出，亦不能违心而出。"我认为一首歪诗是可能言不由衷的，好诗却必然是真情的流露。如果言不由衷，岂能瞒过千古读者的眼睛？

问：大著第二部分"名篇细读"解读了两篇作品，其中之一是《春江花月夜》，值得注意的是，这首诗在明代才受到人们重视（距其问世已经过去了大约六百年），为什么数百年间人们都未能认识到这篇作品的优秀呢？

莫砺锋：这个问题在程先生的《唐诗课》中已有很好的回答，就是那篇《张若虚〈春江花月夜〉的被理解与被误解》。程先生从文献学入手，考察了《春江花月夜》在历代总集或选本中入选与否的情况，发现在明代以前，除了宋代郭茂倩的《乐府诗集》之外，现存的唐宋元文献中都不见此诗踪影，而《乐府诗集》又是对乐府诗不论优劣一概收录的，所以仍可断定明代以前没有人注意过此诗。而自从明初高棅《唐诗品汇》选入此诗，特别是在李攀龙《古今诗删》选入此诗之后，它就成为重要唐诗选本的必选之作了。历代诗话中的情形也与之类似。程先生的结论是，《春江花月夜》在文学史上的地位是随着初唐四杰而升沉的。初唐四杰的地位在陈子昂之后逐步下降，《春江花月夜》也就湮没无闻。直到明代，在"诗必盛唐"的复古风气之背景下，"前七子"中的何景明等人对初唐四杰，尤其是四杰的七言歌行提出了极高的评价，作为四杰一派歌行之杰作的

《春江花月夜》也就理所当然地被人注意了。正是在这种历史观照中，程先生又发现了王闿运、闻一多以来流行甚广的一种误解，即把《春江花月夜》看作一篇宫体诗。他指出，宫体诗风在隋代已得到部分的纠正，而四杰一派的歌行，即使是涉及男女爱情的，也已与宫体诗划清界限，所以张若虚《春江花月夜》已经不是宫体诗。程先生的这篇论文就是文献学与文艺学并重的范例。

问：一个小问题。在《君子之交淡如水——读杜甫〈赠卫八处士〉札记》一文中，对"今夕复何夕，共此灯烛光"两句，您说杜甫用《诗·唐风·绸缪》的典，"在'今夕何夕'中添一'复'字，意谓今夕之后，何夕再得相见？意味更加深永"。我印象中，大家一般都是解"今夕复何夕"为"今夕何夕"，以此表达老友见面的惊喜之感，如果有"何夕再得相见"之意的话，这两句诗恐怕就要置于全诗末尾了。您觉得呢？

莫砺锋：您问得很好。我也许过于强调"复"字的本义：又、更、再，所以将"何夕"解作在"今夕"之后的又一个夜晚。当然，也与我的日常生活经验有关。我与老朋友久别重逢，酒酣耳热之际，往往想到此诗，心中的感慨便是何日再能相逢。但现在看来，在本诗的语境内，也许把此句解作"今夜怎会又是这样的一个良夜"更好，这样就暗示着以前曾有过烛光相对的良夜，时隔多年之后，竟然又旧梦重温了。

问：再问一个小问题。书中《言短意长的〈听弹琴〉诗》一文讲解刘长卿"泠泠七弦上，静听松风寒。古调虽自爱，今人多不弹"一诗，您谈到此诗是从刘氏篇幅更长的《杂咏八首上礼部李侍郎·幽琴》中截取出来的。我一直把这首诗理解为作者自己弹琴，而在《唐诗三百首》中此诗也题作《弹琴》，如果联系《幽琴》一诗中接下来的两句"向君投此曲，所贵知音难"，则将此诗理解为"自弹古调，以求知音"也很通。不知您能否同意？不知题作《听弹琴》的文献依据是否充分？对一首诗的理解，常常因人而异，您如何看待这种现象？

　　莫砺锋：从文献学的角度来看，《杂咏八首上礼部李侍郎》是比较可靠的文本。八首诗的题目分别是《幽琴》《晚桃》《疲马》《春镜》等，都是比兴之体，都表示了孤芳自赏，且求取对方赏识的旨意。《幽琴》的主人公其实是那首不合时俗的"古调"，不必拘泥于自己弹琴还是听人弹琴。中国的古诗中经常省略"主语"，这正是西方汉学家感到困惑的地方。《晚桃》咏一株长在深谷开花较晚的桃花，"过时君未赏，空媚幽林前"，其主人公是桃而非人，这株荒野中的桃树也不会是刘氏手栽。《听弹琴》一诗，多半是从《幽琴》中抽出四句来独立成篇的。至于是刘长卿本人所为，还是后人所为，都已不得而知。这首绝句在年代较早的刘集版本中都题作《听弹琴》。《弹琴》这个题目，我还没考查过到底是何时出现的，但多半是年代较晚的唐诗选本代拟的。况且正如周啸天所说，"从诗中'静听'二字细味，题目以有'听'字为妥"。对一首诗的理解因人而异，几乎是所有唐诗名篇都会面临的问题。古人云"诗无达诂"，英国人说"有一千个读者就有一千个哈姆雷特"，这种现象是普世性的。有时我觉得这正是古诗百读不厌的原因之一。

问：个人特别喜欢全书第四部分"问题探索"。其中《论唐诗意象的密度》以"鸡声茅店月，人迹板桥霜"等唐诗名句揭示出，意象密集正是很多诗篇取得成功的缘由。我觉得这篇文章揭示的道理不仅有助于我们对唐诗的欣赏，对于指导诗词爱好者的写作也大有启发。今天很多人创作的旧体诗词常常存在"以文为诗"、意象单薄、不够凝练的缺点，如果学习了您这篇文章，可能有助于他们有意识地作出改变。请问您如何看待唐诗研究对今人诗歌创作的意义？您平时写诗吗？

莫砺锋："问题探索"只是提出我自己的心得，想与读者交流而已。我觉得唐诗里的意象有疏有密，一首诗中出现几个意象，密度都不一样。到底是密的好还是疏的好，历来的评价大多是针对具体作品，所以众说纷纭。我写类似论文时只是试图看看在繁复的文学现象中有没有规律，如果没有规律就老实承认没有。本文提出意象以"疏密相济"为好，也只是针对部分唐诗名篇的结论，难说是有普适意义的定论。我认为阅读唐诗肯定有利于今人写诗，因为唐诗确实是汉语诗歌的典范文本，那些声称要与唐诗宋词一刀两断的当代诗人是在自废武功。研究唐诗当然有利于准确地理解唐诗，但它对今人写诗只有间接性的好处。对于诗人来说，似不必亲自撰写唐诗的论文，只要读读别人的论文就可以了。论文写多了，脑海中充满了资料和逻辑思维，也许会有损诗情。我是个读诗人而不是诗人，我缺乏诗才，平时基本不写诗。

问：全书最后一篇文章《〈唐诗三百首〉中有宋诗吗？》，

您考定张旭《桃花溪》实际上是北宋蔡襄的作品，并进而指出，一首宋诗混在唐诗选集中而不被觉察，"这说明唐、宋诗无论是在艺术水准上还是风格走向上都不像人们想象的那样相去甚远"。由于唐诗成就太大，唐以前或以后各个朝代的诗歌成就被遮蔽，这是难免的。你多年研究宋代诗歌，又担任宋代文学学会会长，这里是不是为宋诗相对受冷落而鸣不平？您有没有计划选编一本《莫砺锋讲宋诗课》，作为这本书的姊妹篇？

莫砺锋：这篇文章发表以后，南大周勋初教授主编的《全唐五代诗》（陕西人民出版社2018年版）已据拙文将此诗归入"存目"，正在重编《全唐诗》的复旦陈尚君教授则称"张旭《桃花溪》，我较认可莫砺锋教授认为诗出北宋蔡襄所作的考证"（见《两种唐诗选》，《文汇读书周报》2018年4月23日），可见某些正在从事唐诗文献整理的学者已经认可我的考证。但学术界仍有人持不同意见，究竟所谓的张旭《桃花溪》是否为宋人蔡襄所作，尚无定论。但我觉得本文导出的一个推论，就是"唐、宋诗无论是在艺术水准上还是风格走向上都不像人们想象的那样相去甚远"，倒是可以成立的。我的学术研究主要集中于宋诗，我一向认为唐诗与宋诗有如春兰秋菊，各有千秋。套用臧克家的话，"我是一个两面派，唐诗宋诗我都爱"。您说宋诗受到冷落，我想主要是指大众阅读。因为在学术界，宋诗研究还是相当繁荣的。被您猜中了，我正在编一本《莫砺锋讲宋诗课》，还邀了友人王兆鹏编一本《王兆鹏讲宋词课》，不久就会作为姊妹篇一同推出（此两书2021年由凤凰出版社出版——作者按）。

问：近年来，随着优秀传统文化日益受到重视，特别是中小学语文课本中增加了古诗文学习的比重，唐诗日益升温，坊间相关图书纷至沓来，当然会有良莠不齐的情况。对于中小学生更好地学习唐诗，以及大学程度的成年读者提升唐诗欣赏水平，您有什么提示吗？如果面向上述两类群体，您是否愿意推荐一些读物（选本、别集、研究著作等）？

莫砺锋：选本非常之多，肯定是良莠不齐。针对中小学生的唐诗选本我迄今未曾寓目，不敢乱说。针对大学程度的读者的唐诗选本，我倒知道一本，书名是《唐诗选注评鉴》，刘学锴撰，中州古籍出版社，2019年版。该书共10册，每册封底都印着两个人的推荐词，陈尚君说："刘学锴先生《唐诗选注评鉴》，近三十年最好的唐诗大型选本。"莫砺锋说："披沙拣金的选目，广征博引的笺评，独有会心的鉴赏。"我这三句话都是诚心诚意地说的，我对此书十分钦佩，特向读者朋友郑重推荐。

问：2019年您出版了皇皇10卷、500多万字的《莫砺锋文集》（凤凰出版社），借此机会向您表示诚挚祝贺。您已届古稀之年，子曰"七十而从心所欲"，您目前工作、生活方面有没有这种从心所欲之感，您愿意和读者分享下您近期的研究和写作计划吗？

莫砺锋：我很赞成《神灭论》的作者范缜的话：一个人的命运，就像树上的花朵随风飘落，落到何处纯属偶然。54年前我高中毕业，满心想学工科，人生理想便是当个工程师，然而高考废除，梦想破灭。41年前考研，我在报名地点临时起念，从外国文学转到了中国古代文学专业，从此在故纸堆里钻了几十个春秋。岁月如流，人生苦短。七十之年，忽焉已至。"从心所欲"而能"不逾矩"，那是圣人才能达到的境界。我只是一片身不由己、随风飘落的花瓣，哪敢存此奢望？王维说得好："七十老翁何所求？"我现在并无具体的人生目标，只是顺从命运的安排，暂时尚未退休，就继续在南大教书，指导几个研究生。此外也在社会上做些力所能及的古典诗歌普及工作，比如做公共讲座，写普及读物。近十年来我在普及工作上投入较多的时间和精力，但自己水平有限，效果不很理想，只望在有生之年写出一本较满意的书来献给广大读者，也不枉先师程先生对我的一番教诲。

（2020年5月20日）

回应《唐诗排行榜》引发的争议

——访王兆鹏教授

　　武汉大学教授王兆鹏先生近期出版《唐诗排行榜》（中华书局，2011 年）一书，引发广泛关注。该书根据唐诗入选历代选本、历代文人给予点评等方面情况，用统计学方法计算出每首唐诗的影响力指数，据以排出了唐诗名篇的"座次"。该书上市以后，学界、媒体以及网上颇多质疑的声音。不少人认为，该书采用排行榜这一形式，是为了博眼球，是"恶搞"经典；有人压根反对古典文学研究中引入统计学的方法，质问"我们的文科教授怎么成了数字的傀儡"；作为武汉大学教授，作者将崔颢写武汉黄鹤楼的诗排在了第一名，有人认为有"炒作景区之嫌"；李白的诗最高排名仅仅是第十名（《蜀道难》），而妇孺皆知的《静夜思》排到了第三十一名，不少网友表示不服，认为"没道理"……针对众多批评质疑的声音，王兆鹏先生接受本报采访，一一作了回应。

　　问：《唐诗排行榜》9 月份出版以来，报纸和网络都有很多讨论，浏览这些讨论，我发现似乎批评质疑的声音占了更大比重。很多人将这本书说成是"炒作""娱乐""商业""恶搞""恶作剧""无厘头"等等，总之一个意思，它不够严肃。有一位学者评论说："这本书并不是纯粹的学术著作，是出版社将学术研究成果商业化、娱乐化的产物，所以就不必用严格的学术标准看待它。"您觉得这本书是纯粹的学术著作吗？我们可以用严格的学术标准来要求这本书吗？我想这本书属于接受美学范围内的研究，如果书名改为《唐诗影响力排行榜》争议会不会小一些？

王兆鹏：首先，谢谢您的关注和采访。我也注意到质疑批评的声音很多。不过，批评者基本上没有看过我的书是怎么写的，只是想当然地把我当作假想敌来批评。其实，只要看看我的书、读读书中的前言，就知道我是不是在"娱乐大众""恶搞"了。我最初看到一些批评质疑，确实有点郁闷。但后来发现这些并不是常态的学术批评，而是"娱乐"式的"恶搞"，也就比较坦然了。不是我"恶搞"经典，而是我"被恶搞"经典。

这本书说不上是"纯粹的学术著作"，但却是一本有学术含量的普及读物，是用学术精神、科学态度来做经典普及。我在前言中明确交代过我们做排行榜的学理依据、操作方法和学术思考。我们是运用统计学的方法来做排行榜的，经过统计学家的指导和认可。方法的科学性，是毋庸置疑的。至于操作是否得当、数据采样是否完善，当然有讨论和改进的空间。我真诚地期待着学理性的批评指教，以便我们做得更好。

如果书名改为《唐诗影响力排行榜》，也许更准确一些，我们也考虑过这个题目，但出版方觉得这个题目太学术了，不如《唐诗排行榜》简明和醒目。我们做的唐诗排行榜，是对唐诗的影响力，即不同作品在接受史上受关注的程度进行统计分析排行，而不是根据作品艺术的优劣好坏来评比。这二者是不同的。一些人之所以产生误解，是因为把两者混为一谈了。

问：这本书争议较大的一点还在于，您是湖北人，又是武汉大学教授，您搞的唐诗排行榜把崔颢写武汉黄鹤楼的诗排在了第一名，所以有人说您出于家乡情结，或者为了给黄鹤楼景点做广告，想方设法把《黄鹤楼》一诗往前排的。另外，据说您即将推出的《宋词排行榜》中，苏轼的《念奴娇·赤壁怀古》排名第一，该词所吟咏的地点也在湖北境内。这确实有点巧。但您有统计数据在手，我们不能不信。对这一质疑，您恐怕会觉得无奈吧？

王兆鹏：黄鹤楼早就名扬四海了，轮不到我去做广告。我又不是明星，我做广告，谁认识我呀？真正给黄鹤楼做广告的，是崔颢和李白。文学经典的广告价值，是值得研究的课题。崔颢的《黄鹤楼》和苏轼的《念奴娇·赤壁怀古》，分别排在唐诗、宋词排行榜中的第一名，完全是客观数据产生的结果，丝毫不掺杂我们自己的主观态度。最初我们做唐诗经典的影响力分析，看到这个结果时，也感到很意外，怎么会是崔颢这首诗而不是李白、杜甫的诗！对于我们做研究来说，哪一首诗排在第一并不重要，重要的是弄清楚它为什么是第一，什么时候成为第一。从中我们可以发现经典作品具有哪些特质，其经典地位又是如何形成、怎样确立的。唐诗和宋词影响力统计分析的结果，也就是唐诗宋词排行榜的前期成果，我们早在 2008 年就以学术论文的形式在《文学评论》《文学遗产》等学术刊物上公开发表了。同年我在第五届马来西亚汉学国际学术会议上也做过《宋词名篇影响力的追寻与计量》的学术报告。那时候，压根就没有考虑把这些学术成果做成普及性的读物，自然没有任何学术以外的功利考量，所以根本不存在我们有意把两首与湖北有关的诗词排在第一的问题。所有唐诗宋词排行榜的结果，都是用客观数据来说话，而且每条数据都有原始的数据库可以核实检验。如果是为了某种功利的目的，人为地让某首作品名列前茅，那就不是正常的学术研究。学术诚信是做学术研究的基本规范和底线，也涉及研究者的道德品质问题。我做学术研究以来，始终是恪守学术诚信的。

问：您在对采集到的数据进行统计学的计算时，有一个环节主观性比较强，那就是各项指标的权重是您主观指定的。其中古代选本占 30% 的权重，现代选本占 20% 的权重，古代评点占 30% 的权重，现代论文占 10% 的权重，现代文学史著作占 10% 的权重。我觉得，这里面古代和现代混在一起可能是一个问题，或许，形成两个排行榜，一个唐诗古代排行榜，一个唐诗当代排行榜，学术价值更大。您觉得呢？

王兆鹏：确定数据权重，目前统计学中主要采用三种方法，即主观赋权法、客观赋权法和主客观赋权法（又称组合赋权法）。其中的主观赋权法，是根据指标的重要度排序直接赋权，我们用的就这种方法。由于文学统计研究还处在一种尝试和探索阶段，我们确定的这种权重是否合适，还不敢自是。我们也尝试变换不同的权重来计算，结果有小幅变化，一般在几名之内上下浮动。有趣的是，不管用什么权重计算，崔颢的《黄鹤楼》

和苏轼的《念奴娇·赤壁怀古》都是第一。我在《唐诗排行榜》前言中特别说明，排行榜的结果只有相对意义，不宜绝对化，它只是说明哪些作品影响力比较大，而不宜绝对地认为第一名就比第二名优秀，排名在后的就比排名在前的艺术价值要低。

您说做成两个排行榜，一个唐诗古代排行榜，一个唐诗当代排行榜，真是英雄所见略同。我们不止做了两个排行榜，而且是更加细化，一共做了四个排行榜，即宋代、明代、清代、现当代唐诗排行榜。宋词也一样。四个榜单非常清楚地显示出每篇诗词作品影响力的变化。有的在宋、明两代影响力较大，到了清代和现当代影响力下降；有的在宋、明两代影响力很低，到了现当代，影响力急剧上升；有的在清代以前影响力很大，到了现当代，影响力却变小。因为《唐诗排行榜》和《宋词排行榜》的出版定位是普及性读物，我们就没有把各个榜单都公布出来。

问：关于唐诗在当代的接受情况，您考虑了选本、论文、文学史著作三个方面，但我觉得，今天影响一首唐诗能否广为传颂的，第一重要的因素就是中小学语文课本，为什么没考虑这个因素？

王兆鹏：现在的中小学语文课本，确实是个重要的传播媒介。我们不是没有考虑过，而是因为早些年的教材资料收录不全，所以这次没有纳入。我们同时在收集海外传译唐诗、宋词的资料数据，计划今后一并补充。一本教材的传播广度远远大于一个普通的选本，但在统计数据中，入选的作品都只能作1次统计。

如何区分每个数据的影响因子，并细分每个数据的权重，是我们今后需要进一步考虑的问题。

问：在这本《唐诗排行榜》中，最受关注的恐怕是，有些诗普通读者似乎不怎么知道，排名却很靠前（如杜甫《北征》排 87 位）；有些诗大家耳熟能详，排名却很靠后甚至没有入选（如陈子昂《登幽州台歌》）。这种"意外"情况是否很值得研究？

王兆鹏：这种"意外"正是我们最感兴趣也极具研究价值的问题。它恰好表明古今欣赏趣味是变化的，经典名篇的影响力是变化的。人们通常以为，今天大众熟悉的作品，古代也一定流传很广；当下人们喜爱的作品，历史上也一样被人推崇。其实不然。传统的定性分析方法，不太容易发现文学作品影响力的变化。而定量分析方法，根据大量的历史数据统计分析，就可以发现一部作品影响力的变化曲线。我们做唐诗、宋词的影响力统计分析，目的就在于寻找唐诗宋词的影响力是怎样变化的，以及为什么会有这种变化。排行榜的结果，对我们来说，只是一个手段，一个过程。发掘排行榜后台数据蕴含的历史意义，进而深度了解经典，寻找经典传播的有效途径和策略，才是我们的终极目的。所以，排名结果并不显得特别重要，只关注排名结果而不去探究其中的缘由和结果生成的过程，意义也就失去了大半。

杜甫的长诗《北征》，当下一般读者确实不是非常熟悉。它之所以能名列第 87 名，主要是历代评点（第 16 名）、当代研究论文（第 12 名）和文学史录入次数（第 13 名）三个指标提升了它的地位。文学史上常有这样的现象，可读性高的作品，也就是能被大众广泛接受的作品，文学史的地位未必很高；那些在文学史上有开创性和代表性的作品，其可读性未必很强，但研究价值却很高。《北征》就属于后者，书中对此有具体的分析。至于陈子昂的《登幽州台歌》，未能进入唐诗排行榜的前百名，主要原因是它在清代以前一点影响力也没有，在我们统计的唐、宋、明三代22种唐诗选本中，没有一种选到它，到了清代才有两种选本选入。只是由于现当代的选本入选率高，人们耳熟能详，以为它在古代也一定是广为传诵。陈子昂这首诗，完全是现当代发掘和重构的"新"经典。这也说明，经典是需要不断发掘和重构的。我们面对浩如烟海的古典作品，不能只是被动地接受，还需要去发现和寻找新的与时代精神相吻合的潜在的经典作品。

问：据说您从1994年就开始用统计学的方法来研究古典文学作品的影响力，请问您是如何想到做这个工作的？从那时起到现在的17年中，您做了哪些相关研究？研究方法有何变化？

王兆鹏：近些年来，我比较关注唐诗、宋词的经典研究。研究文学经典，首先得追问：哪些是经典？经典是怎样确立的，是什么时候被确认的？从文体上说，唐诗宋词已是公认的经典文体，但从具体篇目上看，流传至今的五万多首唐诗、二万多首宋词并非篇篇都是经典。究竟哪些是经典、哪些是名篇，自然是见仁见智。这就需要寻找出一种共识。那么，该如何寻找这种共识呢？如果用传统的定性分析方法，我们很难得出一个相对确定的答案。同样一篇作品，我说它是经典，可以找出多种理由，引证多家权威的说法。你说它不是经典，也可以找到多种理由，并找出诸多证据。比如苏轼的《念奴娇·赤壁怀古》，是人们熟知的经典名篇，但古人也有不买账的。清人沈时栋就认为词中"小乔初嫁了，雄姿英发"二句是败笔，他选《古今词选》时，就把苏轼这首作品排除在外。另有晚清"四大词人"之一的朱祖谋，他编选的《宋词三百首》是20世纪流传最广的选本之一，其影响力足以跟《唐诗三百首》并驾肩随。他在《宋词三百首》的初版中选入了《念奴娇·赤壁怀古》，可后来修订再版时，又把它删除了，也许是掂量之后，还是觉得这首词不入他的法眼吧。如果有人认为《念奴娇·赤壁怀古》不是经典，完全可以举这两个例子来证明。

　　欣赏和评价文学作品，是主观的。我们能不能找到一种相对客观的方法来衡量测度哪些作品是受人欣赏和肯定的，哪些作品不那么被人欣赏和关注呢？于是，我们想到用统计分析的方法，用客观数据来衡量排比唐诗宋词中哪些篇目比较受人关注。就像选超女一样，用粉丝投票的结果来衡定被选者人气的高低；又像NBA选全明星一样，用网民球迷投票的结果来决定哪些球员入围全明星阵营。当然，我们做唐诗宋词经典的数据统计，跟超女和NBA全明星票选又大不相同，超女和NBA全明星票选反映的是短时的人气指数，而我们做唐诗、宋词的排行榜，选择的是千百年来长时段的各种历史数据。

　　1994年，我就和同门师弟刘尊明教授联名发表过《历史的选择：宋代词人历史地位的定量分析》的学术论文，用六个方面的数据统计分析得出宋代词人的综合影响力排行榜，排比出宋代词人三百家，遴选出影响力最大的十大词人：辛弃疾、苏轼、周邦彦、姜夔、秦观、柳永、欧阳修、吴文英、李清照、晏几道和贺铸。论文发表以后，颇受学界关注。学界同仁的肯定和支持，也坚定了我们进一步探索的信心。此后，我们先后主持承担了湖北省社会科学研究重点项目《中国诗歌史的计量分析》、教育部"211 工程"项目《唐诗经典与经典化研究》、国家社会科学基金后期资助项目《唐宋词的定量分析》等。2008 年以来，我和我的学生又合作发表了《寻找经典：唐诗百首名篇的定量分析》《宋词经典名篇的定量考察》《影响的追寻：宋词名篇的定量分析》《定量分析在唐宋词史研究中的运用》等学术论文。刘尊明和我合著的《唐宋词的定量分析》一书，也即将由北京大学出版社正式出版。

而研究方法，我们也在不断改进。最初是手工统计，后来是用计算机的数据库自动统计。当初计算结果时只是原始数据的简单相加求和，后来我们不仅加权计算，更对不同类别的数据进行了标准化处理，也就是完全按照统计学的科学方法来操作和统计，并请了数理统计方面的专家来指导和把关。

问：作为学者，您投入精力写作普及读物的考虑是怎样的？

王兆鹏：我们研究经典，自然要关注经典的传播。文学经典，不能只是供学者研究的古董，不能只是博物馆里的展示品，应该让它广泛传播，成为大众的精神食粮，让经典与时尚结合起来。作为文学传播的研究者，我理所当然要考虑古代文学经典在当下传播的策略和方法。用什么样的言说方式、借用什么样的媒介、用什么有效的方法来普及古代诗词经典，才能让当下的读者欣然接受，让全社会来关注经典、阅读经典，是我长期思考的问题。排行榜，是我们传播经典的一种策略，一种试验性的方法。不管怎么说，在当下这种人们被物质欲望绑架的时代，能读一点经典、关注一下经典，获取一点精神滋养和慰藉，总是好事。我不是"恶搞"经典，连"戏说"都不是。我是严肃认真地用科学的方法并采取当下大众可能接受的方式来传播经典、推广经典的。如果一看"排行榜"三字，就把整本书的学术价值否定掉，实在令人遗憾。我们的初衷，是让读者看到书名，就引起阅读和探究的兴趣，而不是像有些人那样，只在书名和排名结果上打转转。哪怕只花十分钟时间，只看看"前言"和对某一篇作品的解析，相信这些人的看法就会有所转变的。

问：请问您个人最喜欢哪首唐诗，最推崇哪个唐代诗人？

王兆鹏：我个人最喜欢张若虚的《春江花月夜》，每次吟咏，都能把我带进一个醇美的世界。心情不好的时候，诵读这首诗，心情就会舒畅。文学作品，是有调理心绪的效果的。最能打动我的，则是孟郊的《游子吟》，每次诵读，都让我感到母爱的深沉，让我想起母爱的温馨。诗人中我最喜欢王维。王维的诗歌，能让人宁静超然。李白太任性，杜甫太沉重。王维的艺术人生，可以滋润抚平我们躁动不安的心灵，让我们的生活多一份审美，少一份功利；多一点韵味，少一点闹腾。

《唐诗排行榜》要点

一、排行榜是怎么排出的?

第一步是采集了四个方面的数据:历代选本入选唐诗的数据、历代评点唐诗的数据、20世纪研究唐诗的论文数据、20世纪文学史著作选介唐诗的数据。选本方面,采集了历史上具有代表性和影响力较大的70种唐诗选本为数据来源。其中,唐人选唐诗9种,宋金元人选唐诗8种,明人选唐诗5种,清人选唐诗11种,现当代人选唐诗37种。评点方面,以陈伯海先生主编的《唐诗汇评》为数据来源。20世纪研究唐诗的论文,依据《唐代文学研究年鉴》和相关专题目录索引来统计。文学史方面,选取20世纪以来影响较大的9种文学史著作作为数据采集的来源。在最后的综合计算中,古代选本所占权重为30%,现当代选本所占权重为20%,历代评点所占权重为30%,研究论文所占权重为10%,文学史著作所占权重为10%。对各项数据进行加权计算,并做标准化处理之后,就是每首诗的综合得分,唐诗影响力的名次即据此排出。

二、唐诗十大名篇

1. 崔颢《黄鹤楼》;2. 王维《送元二使安西》;3. 王之涣《凉州词》(黄河远上);4. 王之涣《登鹳雀楼》;5. 杜甫《登岳阳楼》;6. 柳宗元《登柳州城楼寄漳汀封连四州刺史》;7. 孟浩然《临洞庭湖赠张丞相》;8. 常建《题破山寺后禅院》;9. 王

勃《送杜少府之任蜀州》；10. 李白《蜀道难》。

三、唐代十大诗人

以入选《唐诗排行榜》前 100 的数量而论，最受欢迎的十大诗人依次为：1. 杜甫 17 首；2. 王维 10 首；3. 李白 9 首；4. 李商隐 6 首；5. 杜牧 6 首；6. 孟浩然 5 首；7. 王昌龄 5 首；8. 刘禹锡 4 首；9. 岑参 3 首；10. 白居易 3 首。

四、好诗在盛唐

人们常说唐代是中国诗歌的高峰期，盛唐诗歌则是高峰中的高峰。排行榜的数据印证了这个说法。且看百首名篇的时间分布：初唐，5 首；盛唐，61 首；中唐，18 首；晚唐，16 首。从中可以看到，唐代的好诗名诗，六成出自盛唐。另外，有诗入选《唐诗排行榜》前 100 的诗人共 37 人，其中初唐 5 人、盛唐 15 人、中唐 11 人、晚唐 6 人。由此可见，著名诗人，也以盛唐为多。

五、各体诗歌受欢迎程度

在各体诗歌中，五律是人们的最爱。在百首名篇中，五律占了 26 首。其次是七律和七绝，各占 25 首。五古、五绝和七古依次占 4 首、8 首和 12 首。

各体诗歌中，最受欢迎的作品分别是：七律，以崔颢《黄鹤楼》为第一；五律，以杜甫《登岳阳楼》为第一；七绝，以王维《送元二使安西》为第一；五绝，以王之涣《登鹳雀楼》为第一。

就个体诗人而言，人们最欣赏杜甫的是他的七律（6篇）和五律（5篇），王维和孟浩然最受欢迎的是五律，李商隐和杜牧最受青睐的则分别是七律和七绝。王昌龄素有七绝"圣手"（《养一斋诗话》卷二）之称，百首排行榜中，他的5篇名作全是七绝，证明了他的"圣手"之名确是名副其实。

（据《唐诗排行榜》整理）

（2011年11月23日）

元代文学的价值需要重新认识

——访查洪德教授

为查洪德教授《元代文学通论》（东方出版中心，2019年12月版）一书所吸引多少是一个"意外"。作为书评编辑，要"对付"大量新书，一本书总是先读前言、后记、目录，但大多数书的阅读却也仅止于此，此乃不得不如此的常态。读《元代文学通论》，也是照此行事：先读后记和附录，即颇受震动；再读绪论，兴趣则更加浓厚；本来元代文学完全在自己阅读范围之外，竟欲罢不能，百万言的三册，月余时间内，断断续续，居然读完了！

王国维在《宋元戏曲史》中说："楚之骚、汉之赋、六代之骈语、唐之诗、宋之词、元之曲，皆所谓一代之文学，而后世莫能继焉者也。"此说影响极大。就一般读者而言，对元代文学的了解也仅限于杂剧和散曲。《西厢记》《窦娥冤》等几部杂剧，《天净沙·秋思》《山坡羊·潼关怀古》等若干散曲，就构成了我对元代文学的全部认知。而《元代文学通论》主要以元代文献为依据，全面考察有元一代文学的各个方面，涵盖元代诗歌、文章、散曲、杂剧等体裁，对元代文坛随时间而衍变、因地域而散布的样貌，对元代文坛诸多特征、风气和流派等，都作了细致深入的分析梳理，元代文学独具的特色和独有的价值亦由此显现。读此书，深感元代文学绝非自己以前想象的那么贫乏，也深感我们从一般文学史教科书上读到的论断没那么值得信赖。

查洪德先生现为南开大学杰出教授，中国元代文学学会副会长，可谓名校名教授。不过，翻看他的履历，却不难看到他问学之路的不易。他是1977年恢复高考之后的第一届大学生，就读于安阳师范专科学校（安阳师范学院前身），毕业后留校，先是从事教学行政工作，后调到学校学报编辑部，曾任安阳师范学院中文系主任（文学院院长）。这中间，他刻苦深造，取得博士学位。20世纪90年代初，跟从元代文学研究大家、北京师范大学教授李修生先生访学，参与《全元文》项目，开始大规模阅读元代文献，一步步在元代文学研究领域登堂入室，成果累累。"我只是老老实实读了些元代文献（还有不少没读），把自己的想法写了出来。做学问也许不需要特别大的本事，但需要老实"。"阅读了元代文学的原始文献，回观以往对元代文学的评价，就感觉不够客观。但如何客观评价，却不是一件容易的事，甚至说是很艰难的事。这就需要奠定求真的决心，拿出求真的勇气，下足求真的功夫，追求文学史的真实"。老实、决心、勇气、功夫……这些词汇，刻画出一个真正学者的态度和追求，令人感动。

学术研究的宗旨在求"真"

问：拜读三卷本《元代文学通论》，深为大著对一系列元代文学史成说的颠覆所震撼。中国社科院文学研究所陶文鹏研究员认为大著"许多章节论题和观点发人所未发，具有重大学术价值"（《光明日报》2020 年 5 月 2 日），四川外国语大学中文系张红波博士认为"《通论》中众多结论与目前通行观点大不相同，甚至有截然相反之处，势必会对今后的元代文学教学与研究产生重大影响"（《中华读书报》2020 年 6 月 10 日）——专家的话印证了我作为外行读者阅读大著的感受。不过，在谈大著之前，能否请您介绍下您的治学经历，您是怎么走上研治元代文学的道路的？

查洪德：非常感谢《中华读书报》对《元代文学通论》的持续关注。《元代文学通论》（以下简称《通论》）出版后受到媒体和学术界如此关注，我是没有想到的。书去年 12 月出版，今年 1 月就上了《光明日报》"光明书榜"，3 月又上《中华读书报》月度好书榜，此外《团结报》《深圳晚报》也推荐了这部书。世界读书日的前一天，《名作欣赏》公众号还以"读书日专题"推送了书的后记。陶文鹏先生写了书评，以陶先生的资望、地位、影响力评我的书，我感到惶恐。贵报发了张红波先生的文章，我不认识张先生，谢谢他给《通论》如此高的评价。我看到文章的题目（《为元代文学正名》）时，感到有些意外。

近来微信群里有不少对《通论》的评论。和您一样，大家关注书中一些不同于以往的说法，肯定这些说法，说是重要的学术贡献。我想在这里作些说明，顺便回答我"怎么走上研治元代文学的道路的"。重新认识和评价元代文学，还要从 20 世纪末说起。20 世纪 90 年代，是元代文学研究的转折期。1991 年，邓绍基先生主编《元代文学史》出版，那是重评元代文学的开始。同时，李修生先生主编《全元文》项目上马，吸引了一大批年轻人参与编纂。这些人中的一部分，至今仍坚持元代文学与文献的研究，我是其中的一个。在这群人中，对于元代文学的不少问题，都形成了与以往流行观点不同的看法。从事学术研究多年，我从未刻意求新。我追寻的，只是客观，或者叫做"真"吧。求真就必须实。我只是老老实实读了些元代文献（还有不少没读），把自己的想法写了出来。做学问也许不需要特别大的本事，但需要老实。元人刘秉忠有一首论诗诗，我借来谈学术："诗如杂剧要铺陈，远自生疏近自新。本欲出场无好绝，等闲章句笑翻人。"（《近诗》）在我看来，《通论》只是寻常话语、"等闲章句"。"等闲章句"却能"笑翻人"，那是意外效果。也许一些读书所得，积思所悟，在自己是寻常话语、"等闲章句"，而别人可能感觉不寻常，非"等闲"，获得了意外效果。

我在《通论》后记中说，我们这一辈人，对于元代文学研究，做的只是"两个基本"：整理基本文献，提出基本问题。整理基本文献，有几位朋友做得多一些。提出基本问题，可能我做得多一些。我们这些人，从90年代初到现在，一直在做元代文学与文献的研究与整理，由此阅读了元代文学的原始文献，回观以往对元代文学的评价，就感觉不够客观。但如何客观评价，却不是一件容易的事，甚至说是很艰难的事。这就需要奠定求真的决心，拿出求真的勇气，下足求真的功夫，追求文学史的真实。其中种种艰辛，不必细说，但克服困难，步步前进，只在于坚持、坚守而已。

我就是这样走上研治元代文学的道路的，并一直走到了今天。这里更需要说的，可能是从何处入手走上研治元代文学之路的。正好在1990年，我到北京师范大学跟从李修生先生访学。此前我发表过两篇研究元代曲家郑廷玉的文章，当时我在安阳师专工作，郑廷玉是当地曲家，李修生先生给我的第一个建议是做彰德地区的戏曲研究（安阳在元代为彰德府路，在明清为彰德府）。我觉得做戏曲研究自己没有优势，且别人研究已经相当充分。我希望借参编《全元文》的契机，做当时还不受关注的元代诗文研究。那时有人倡导加强文学史薄弱环节的研究，也契合我的想法。这想法得到李先生支持。但入手后感觉困难很大，问题很多。正是这些问题和困难，引我步步前行。这期间有幸得到邓绍基先生的高度关注，几乎我每走一步，邓先生都给予肯定和鼓励，并对我寄予厚望。于是我无法停下脚步，只能艰难前行。

问：在很多像我这样的非专业读者这里，元代文学往往构成一个盲点，对其重视的程度也远不如对先秦、两汉、魏晋、唐宋等时段。请问在专业的古代文学研究中，元代文学研究的现状如何？

查洪德：您所关注的，其实是很多人普遍关注的。您想了解的，也是很多人想要了解的。您的提问包含了很重要的问题：元代文学在中国文学发展史上处于怎样的地位？进一步说，元代文学为中国文学、中国文化贡献了什么？我们为什么应该关注元代文学？以往评价元代文学的地位，大致是两句话：其一，即王国维所说"元之曲"为有元一代之文学。其二，元代是中国文学史的转折时期，表现有二：一是俗文学取代雅文学，占据文学的主体地位；二是叙事文学较之抒情文学发达，戏曲和小说取代了诗词的主体地位。现在看来，这种认识需要修正。元代文学在中国文学史上确实具有很特别的地位，其中一个显著的标志是，元代是中国古代文学大格局形成时期。中国古代文学所有文体，在元代齐聚文坛。在这一意义上说，研究中国古代文学不高度关注元代，恐怕是不行的。

从更重要的意义上说，元代是中华民族精神共同体形成时期，而文学在其中发挥了重要作用。在元代文人观念里，元朝的建立，是中原疆域的极大拓展，"四振天声，大恢土宇，舆图之广，历古所无"，因取《易经》"乾元"之义，定国号为"大元"（图克坦公履撰《建国号诏》），"我元四极之远，载籍之所未闻，振古之所未属者，莫不涣其群而混于一。则是古之一统，皆名浮于实；而我则实协于名矣"（许有壬《大一统志序》）。由此，王化大行，无远弗及。千百年的胡汉对立终于消除，"蒙恬剑下血，化作川上花"（陈孚诗），庆幸于"华夷一统太平秋"（耶律楚材诗），真正实现了"天下车书共一家"（张昱诗）。从这一高度反观，以往的"外族入侵""民族压迫"说，是多么地不合适。

20 世纪初至今的一百多年，元代文学研究的历程，大致可以分成四个阶段：第一阶段，20 世纪初，一方面受明人"元无文""元无诗"观念的影响，一方面又认为小说戏曲乃"无学不识者流"的"淫亵之词"，应该烧毁，结论是：元无文学。第二阶段，以元曲为元"一代之文学"，从王国维《宋元戏曲考》、吴梅《中国戏曲概论》出版，一直到 20 世纪末。第三阶段，加强元代文学史薄弱环节研究，发掘诗文等的价值，从 20 世纪 90 年代至今。第四阶段，近些年，以通观视野对元代文学做整体性研究，认识元代文学的一体性，进而认识"元代文化的一体性"，为中华文化的一体性、中华精神共同体的形成——这一重大认识提供参考。《通论》是国家社科基金重点项目"元代文化精神与多民族文学整体研究"（2010 年立项）成果。可算是这方面的尝试吧。

现在可以大致梳理一下元代文学研究的现状了。分体裁说，元代戏曲（杂剧与南戏）研究的历史最长，成就最高。元代戏曲在中国文学史上的经典地位，不能动摇，也不容动摇。不足的是，20 世纪 90 年代以前，戏曲的文学阐释是以阶级性、人民性为评价标准，对作品作反封建、反传统、反民族压迫的解读。这是偏差。90 年代以后戏曲研究逐渐趋冷，但也出版了几部重要的著作。元代散曲研究，90 年代以后取得了较大的成就，是元代各体文学中研究比较成熟的部分。元词研究，与散曲一样，90 年代后曾取得重要成果，但多在 20 年前，近些年进展不大。元代诗文与诗文理论批评研究，90 年代以后逐步兴起，但形成气候，是近十来年的事，目前发展态势很好，形成了一个年轻而有朝气的研究队伍，有一批受关注的年轻学者，在古代文学研究界为数极少的青年长江学者中，元代文学研究界占两位。这些年，新视角、新思路的课题和成果不断涌现，国家社科基金项目立项数量，在整个中国古代文学类项目中占了相当比重。但就目前所处的研究阶段看，文献整理方面，基本文献整理取得了相当大的成就，而深度整理与作品的精细解读，还远不够。史与论的探讨方面，基本问题逐步提出，深入的探讨有待推进。其他文体的研究，如话本、文言小说等，进展不大。另外，随着笔记研究进入研究者视野，元代笔记也开始引起注意。至于打通文体、地域、民族，对元代文学作整体把握，则是近些年的事。

总而言之，不管是文献的整理，还是史论的探讨，元代文学研究都依然任重道远。与中国古代文学其他时段的研究情况相比，还有很大差距。这几年，李修生先生多次说，元代文学研究刚刚开始。从一定意义上说，这是一个客观的判断。

元代为何长期未开科举

问：研究元代文学，不能不关注元代读书人的社会地位问题。有一个"九儒十丐"的说法流传特广（据说尽人皆知的"臭老九"一词，或即源于此）。很多元史学者已指出，此一说法不能当作信史看待。这一说法最重要的文献依据是南宋遗民谢枋得的一段话，但谢枋得不过是引用"滑稽之雄，以儒为戏者"的话，当不得真。您在书中说，谢枋得文章是在"批判宋代科举制度造成了科举程文无用之士"，谢在宋亡入元后第九年即称"文运大明，今其时也"，"他为人们可以抛弃'场屋无用之文'而作'经天纬地'有用之文而欢欣鼓舞"。这里的解读会不会有点矫枉过正？毕竟，谢枋得是誓不降元并绝食而亡的文天祥一般的人物啊，他对元朝停办科举未必会欢欣鼓舞吧？

查洪德：你提出的既是很好的问题，也是很重要的问题。这是两个问题，其一，谢枋得对新朝的态度；其二，谢枋得对科举的态度。

先说谢枋得对科举的态度。这要多说几句。在宋元之际、金元之际，都形成了科举误国的舆论，谢枋得就曾说："以学术误天下者，皆科举程文之士。"（《程汉翁诗序》）和他同时的刘壎，对这一说法表示极度赞同，说："科举程文之士，误我国家，传笑万世。此则诚为至论。"（《隐居通议》卷十六）这是当时很多人对科举的态度。他们认为，科举之弊之害，是多方面的。科举造成无法挽救的诗文之弊，进而败坏世道人心。由宋入元的黄庚就说："唐以诗为科目，诗莫盛于唐，而诗之弊至唐而极；宋以文为科目，文莫盛于宋，而文之弊至宋而极。甚矣，诗与文之极其弊而难于其起弊也。"进一步："国以诗文立科目，非世道之幸；士以诗文应科目，又岂人心之幸？宜古道之滋不可挽也。"可以看出，时人对科举，已经到了痛恨的地步。在他们看来，停科举，是诗文的大解放："自科目不行，始得脱履场屋，放浪湖海。凡平生豪放之气，尽发而为诗文。"（《月屋漫稿序》）与黄庚同时的戴表元，也力言科举造成诗弊，说在宋时："诸贤高谈性命，其次不过驰骛于竿牍俳谐、场屋破碎之文，以随时悦俗，无有肯以诗为事者。"（《方使君诗序》）用"毕牍俳谐、场屋破碎之文"称呼科举程文，可见他们的憎恶程度。要知道，谢枋得、戴表元这些人，是中过进士的。他们的批判，决不是科场失意者的个人痛疾之语。

在北方，由金入元的文人，反科举的声音同样强烈。与宋人的意见大致近似，人们批评"时文之弊"，"言诸生不穷经史，唯事末学，以致志行浮薄"（《金史·选举志》）。元好问说："初泰和大安间，入仕者惟举选为科。荣路所在，人争走之。程文之外，翰墨杂体，悉指为无用之技。"（《故河南路征收课税所长官兼廉访使杨公神道之碑并序》）视有用之技为无用，必是无用之人。

元初北方的儒士，有义理之士、经济之士、词章之士。三种人对待科举的态度不同。前两种人都坚决反对科举，词章之士要求开科，他们说是"俗儒守亡国余习"（姚燧《董文忠神道碑》）。反科举的意见，占有压倒性优势。以往说，蒙古人反对开科举，这种说法缺乏文献依据。当时多数汉族文人坚决反对开科。

再说谢枋得对新朝的态度。以往把谢枋得不仕元解释为坚持民族气节，是对元政权的敌视。真是如此吗？这个问题很容易说明。"九儒十丐"说出自谢枋得的《送方伯载归三山序》，这篇文章本身就可说明问题。方伯载是一位年轻人，他要回乡，大约由于人生不如意，有才而不为世用。谢枋得写了这篇文章为他送行。文章说，现在儒者（科举程文之士）之所以贱，是因为无用。你方伯载"有远志，强记而善问，落笔皆英气，薄科举程文不为"，会有机会为当世所重的，你应该有这样的信心："天下岂终无好文章乎！古之所谓经天纬地曰文者，必非场屋无用之文也。子既薄场屋之文而不为，文而经天纬地，必有所传矣。""子能为董公、为子房、为四皓，帝必不敢以儒之腐者、竖者待子矣。安知以文章名天下者，不在子乎！安知使儒道可尊可贵者，不自子始乎！"你应该抱积极的态度，为当今社会所用，以有用之才，改变儒者被轻视的状况。这是谢枋得自己写的文章，他敌视新朝吗？谢枋得本人不仕元，因为他是前朝官员，古人重出处大节，他坚守的，是义不仕二朝。对年轻人，他鼓励为时所用，鼓励积极有为。这就是谢枋得对当时政治的态度，当然也是对新政权（"帝"只能指忽必烈）的态度。原始文献如此，不需要解读。

问：另一值得注意之点是元代文化政策，就是统治者不重视文化建设，也不干预文学创作，大著写道"元代是自秦汉以来唯一没有文字狱的朝代"，"骂官员，贬胡人，甚至揭皇帝之短的内容，在元代诗文皆可见。可写所欲写，能言所欲言，在中国古代，是特别可珍视的"。这确实是很难想象的。

查洪德：元代是中国古代自秦汉以后唯一没有文字狱的朝代，是学界共识。元代文人地位不高，这是事实。但文人历来重心理感受。元代文人不用担心因言招祸，他们活得坦然，是难得的。我们应该关注的，是这些社会现象如何影响文人心灵，进而对文学产生重要影响。

先比较元末和明初两个典型事例。元顺帝幼时，元文宗曾下诏说他不是明宗的儿子，诏书是虞集起草的。等顺帝即位，就有人想借这事整虞集。如果在其他朝代，其祸绝不仅仅是杀头，但元顺帝却说："此我家事，岂由彼书生耶？"虞集也就没事了。元明之际诗僧释来复（见心），在元末活得很潇洒。入明，他并未意识到不能继续潇洒了。有次朱元璋请他吃饭，他写诗谢恩，后四句是"金盘苏合来殊域，玉碗醍醐出上方。稠叠滥承天上赐，自惭无德诵陶唐"。朱元璋大怒，说："汝诗用'殊'字，是谓我为'歹朱'耶？又言'无德诵陶唐'，是谓朕无德，虽则欲陶唐诵我而不能耶？何物奸僧，辄敢大胆如此。"（郎瑛《七修类稿》卷四十七《明天渊》）杀头！这里有些演义成分，但基本是事实。这些事件，对文人心理的影响，无疑是巨大的。在元，可放言无忌。入明，则噤若寒蝉。由此，我们不难对两个时期的文坛状况作出基本判断，进而对两个时期的文学价值作出推断。

明代朱权《太和正音谱》说元人散曲有所谓"不讳体"，也叫"盛元体"，其体"快然有雍熙之治，字句皆无忌惮"。这是说散曲，杂剧当然也是"字句皆无忌惮"。这些论断，可以从元代文学文献中得到印证，并非夸大其词。

《窦娥冤》"反映阶级压迫"？《西厢记》"反封建"？

问：美国汉学家奚如谷撰写的《剑桥中国文学史》元代部分指出元代文学有三个主要特点，第一个即为白话文学的成熟。我们读元代文学，都会注意到其中通俗文言体、口语体文字颇不少，另外《三国志平话》《武王伐纣书》等半白半文的历史小说在文学史上也很重要，大著似没有予以特别关注。

查洪德：确实未能关注。张红波先生的文章（《中华读书报》2020年6月10日《为元代文学正名》）已经指出了。除了您和张先生提到的，拙著未能论述的还有元代的白话碑，蒙古族文学经典《蒙古秘史》，数量众多的元代笔记（特别是其中的域外游记更是元代文学具有独特价值的部分）。这些内容之所以没有关注，是因为我自己没有做具体深入的研究，没有发言权。在此前提下，作些情况介绍和说明。

首先想说明的是，20 世纪元代文学研究界有一个比较流行的说法，认为在元代，白话的俗文学已经占据了文坛中心的位置，传统的诗文则处于文坛的边缘。这种观点至今还有影响。这不符合元代文学史的实际。元代文学是雅俗并存，互相之间也没有 20 世纪研究者描述的那种矛盾。《通论》第十二章《文坛特征论之二：雅俗分流》对此有说明。这一章内容先期以《元代作家队伍的雅俗分流》为题发表在《西南民族大学学报（人文社科版）》2009 年第 12 期，《新华文摘》2010 年第 8 期转载。在元代，白话俗文学还不能与诗文抗衡。元代一些诗文词曲兼擅的作家，比如贯云石，我们现在说他是曲家，其实在当时，他首先是文章家，其次是诗人，没有人说他是曲家。

其次，有些问题我有过关注，或者正在做，而没有纳入到这部书中。这有两部分。其一是元代笔记，我正在主持《全辽金元笔记》项目，这是一个很大的工程，有一个团队在做，明年出版第一辑。我们对元代笔记做文献普查，得到的结果是，现存元代笔记近 270 种，近 900 卷。这是超出人们想象的，其文献价值也很高。其二是与草原有关的文学活动与文学作品。近些年来，内蒙古的学者展开草原文化与草原文学的研究，成立了草原文学理论研究基地，设在内蒙古民族大学。2016 年基地成立，举办了草原文学论坛，我有幸受邀参加。在会上我有一个发言，对草原文学的概念和特征提出了自己的看法。我的一些基本看法，逐渐为内蒙古的同仁们认同。我觉得，做元代文学的研究，应该关注草原，关注草原的文化与文学，以及它给中国文学带来了什么。元代文学的有些问题，可以从这一视角审视。我指导的博士研究生，有人专门从事这方面的研究。

再次要说明，《通论》是以通观视野对元代文学作整体性审视。元代文学构成复杂，地有南北，人有华夷，体分雅俗，由此形成了元代文学的诸多板块。所谓通观视野下的元代文学研究，就是将元代文学中这各具特色、各自发展的多个板块，纳入元代文化精神这一总的视域作整体观照，不再区分文体、地域及作家的民族身份。从这一角度说，《通论》不一定具体讨论所有文体。书中对元代文学的总体认识，是建立在所有文体基础之上的。

问：对于元杂剧，今人评价很高，尤其对其主题思想赞誉有加。例如顾学颉选注《元人杂剧选》（人民文学出版社，1998 年版）选入 16 种杂剧，将其分为五类：第一类为"反映阶级压迫和种族压迫的悲剧"，如《窦娥冤》《陈州粜米》等；第二类为"正面描写反抗封建统治的农民英雄人物的喜剧"，如《李逵负荆》等。您的看法与此不大相同，大著指出"在 20世纪，严重影响元杂剧研究的，是阶级性、人民性评价标准"；"在元杂剧的研究中，先验地以反传统意识解读元杂剧，以反映阶级矛盾和民族矛盾为标准评价元杂剧，导致对杂剧作家作品的曲解"。您指出元杂剧绝非反封建、反道德，而是"厌乱思治"

（第三章），体现出"淑世精神与社会重建意识"（第二十三章）。但是，像《窦娥冤》这样的作品不是可以解读为一种代表底层人民的反抗精神吗？《西厢记》不可以解读出赞美恋爱自由的反封建思想吗？

查洪德：这里提出的确实是重新认识元代文学特别是元杂剧主题的关键问题。先说《窦娥冤》。《窦娥冤》是不是"反映阶级压迫""代表底层人民的反抗精神"，只能从作品本身看。首先要问，在《窦娥冤》里，谁属社会"底层"？窦娥是吗？不是。窦娥一方的窦天章、蔡婆婆是吗？更不是。窦天章读书读到可以"上朝取应"，可以被看作社会"底层"吗？他当时因"时运不济，功名未遂"，一时陷入困境。他出场时，就是一个潜在的上层社会人物。果然再来时，已是参知政事，朝中二品大员。"家中颇有些钱财"的蔡婆婆是一个高利贷者，食利阶层，用阶级划分法，她属剥削阶级。窦娥不管是附属于窦天章，还是附属于蔡婆婆，都不在社会"底层"。出事之前，窦娥的苦，是心灵的煎熬。至于物质生活，她自我描述其生活环境是"锦烂熳花枝横绣闼""剔团圞月色挂妆楼"，生活是很优裕的。事件发生时，她和蔡婆婆已经成为一个家庭经济共同体，她怎么能"代表底层人民"？真正属于"底层"的，反倒是加害她们的张驴儿父子。

其次，我们看窦娥案是如何形成的。蔡婆婆虽然"家中颇有些钱财"，但没有自我保护能力。加害她的是什么人呢？第一个是赛卢医，是个生意萧条的穷医生，因穷极铤而走险，要杀害蔡婆婆。这是整个案件的起因。由此引来了张驴儿父子，这父子（两个光棍）属流氓无产者，地痞无赖，真正是除了体力一无所有的社会"底层"。尽管他们经济上赤贫，但可以对蔡婆婆施加身体暴力。对此，蔡婆婆和窦娥，都无力对抗。因他们的讹诈和逼婚，才有了后边一系列事件，包括关键情节"毒死公公"。在张驴儿父子的逼迫下，蔡婆婆一开始就屈服了。窦娥之所以不从，第一是道德观念的支撑，当然她也不会看上张驴儿；第二是相信有官府为她做主。官府的作为，决定了事件发展的方向。不幸的是，她遇上了昏官。这楚州太守桃杌昏庸而又颟顸。桃杌，是"梼杌"谐音。上古的梼杌是一个"不可教训，不知话言，告之则顽，舍之则嚚，傲很明德，以乱天常"（《左传》语）的家伙，是一个顽冥不化、搞乱天下的人。这很有象征意义。桃杌断案，没有支持有钱的蔡家，却听信地痞无赖的诬陷之词，武断地判窦娥死刑。这样看就很清楚了：窦娥案的发生，是因为社会混乱。私放高利贷和地痞横行，都是社会混乱的标志。社会混乱的原因，当然在官府，官府不能有效治理社会。平时没有正常行使管理社会的职责，关键时候又胡乱断案，窦娥悲剧由此形成。

窦娥明确揭示了问题的关键："这都是官吏每无心正法，使百姓有口难言。"窦娥心目中的保护者，却成了最终的加害者。窦娥案平反的契机，是窦天章的归来。他是窦娥的父亲，这点其实并不重要，那只是方便窦娥鬼魂的诉冤。关键是，他已由原来的潜在上流社会成员，变成现实的权力行使者，关键是他有"势剑金牌"，能"威权万里"，这些是皇帝赋予的权力。窦娥案的平反，标志着官府职能的恢复（尽管只是剧作家的愿望），而非"底层人民反抗"的胜利。去除一切预设的观念，客观看《窦娥冤》故事，它与"反阶级压迫""底层人民的反抗精神"，都没有关系。现在再读《窦娥冤》的经典唱段《滚绣球》："有日月朝暮悬，有鬼神掌着生死权。天地也，只合把清浊分辨，可怎生糊突了盗跖、颜渊。……地也，你不分好歹何为地？天也，你错勘贤愚枉做天！"感觉与原来应该不同。

再看《西厢记》的"反封建"问题。可以这样说，用"赞美恋爱自由的反封建思想"解读《西厢记》，是把现代人的价值观加给了古人。什么是"反封建"？所谓"反封建"，或者反"封建"的制度，或者反"封建"的观念。元代的杂剧作家，这两点显然都不可能。

以往的研究认为《西厢记》提出了"愿普天下有情的都成了眷属"的美好理想，具有强烈的反封建礼教的意识。如果说愿"有情的都成了眷属"就是反封建，那就应该证明，这一愿望是与封建观念对立，不能为封建观念所容的。也就是说，以感情为基础的婚姻，与符合礼法的婚姻，两者必然对立。以感情为基础的婚姻，必然不合礼法；合礼法的婚姻，一定缺乏感情基础。作家作品必须在这两者之间做出选择，不能既维护礼法，又提倡情感。事实是这样的吗？唐代的李德裕，是一位"封建"士大夫，但他有《鸳鸯篇》诗，说"君不见昔时同心人，化作鸳鸯鸟。和鸣一夕不暂离，交颈千年尚为少"。诗的最后两句说："愿作鸳鸯被，长覆有情人。"在观念上，这比"愿普天下有情的都成了眷属"如何？能就此证明李德裕"反封建"吗？元好问有《摸鱼儿》（问莲根有丝多少）词，词序说："泰和中，大名民家小儿女，有以私情不如意赴水者，官为踪迹之，无见也。其后踏藕者得二尸水中，衣服仍可验，其事乃白。是岁，此陂荷花开无不并蒂者。"他在词中严厉质问："天已许。甚不教、白头生死鸳鸯浦？"为什么要拆散他们，导致如此人间悲剧！"天"已许而"人"不许，在元好问看来，"小儿女"的私自结合，不仅是正当的，而且是神圣的。在"天"和"人"之间，无疑"天"更具有神圣性。如果"愿普天下有情的都成了眷属"是反封建，元好问就更"反封建"，元好问应该是远超王实甫的"反封建斗士"。但如果看元好问大量的诗文，他却是地地道道的"封建卫道士"。《西厢记》就是把一个始乱终弃的故事，改成了一个读书人科场得意、婚姻美满、花好月圆、皆大欢喜的故事。对社会的批判是有的，但不是"反封建"。崔莺莺的越礼行为，直接表达的，是对老妇人无"信"的不满。"信"是绝不低于"父母之命，媒妁之言"的"封建"道德标准。在元代，男女之间礼防不严，甚至无礼防，是普遍的社会现实。元代社会的当务之急，不是要破除"封建"道德的束缚，而是重建社会基本道德，不存在作家"反封建"的现实社会基础。

元代诗坛不缺名家和名篇

问：我们知道，唐诗、宋诗乃至清诗的成就都广受认可。存世唐诗大约为5万3千首（陈尚君先生的估计），而《全元诗》收诗为14万首；但唐诗我们可以随口背诵几十首，诗人的名字也可说出一大串，而大多数人对元诗却几乎没有什么概念。难道元诗成就如此惨淡吗？仅从大著的引用来看，像杨维桢、虞集、萨都剌的诗都予我很深印象。当然，决定作品命运的不在其本身水准，而在于阅读和接受，您在书中引了季广茂先生的话，"经典化之途有时异常漫长"，那么，在未来，会不会有的元代诗人能够脱颖而出，走上"经典化之途"，其作品广为传颂呢？我们知道好的选本有助于优秀作品的流传，不知您有没有编一本"元诗选"的计划？另外，在《通论》取得相当成功的背景下，您是否有趁热打铁撰写一部新的"元代文学史"的想法，以在更广范围内传播元代文学研究的新成果呢？

查洪德：如何让更多人了解元诗的成就，这是我近几年一直在想的事。您这里给我提出了两个方面的期待：一个是向广大读者推广包括元诗在内的元代文学精品，推进这些作品的经典化；一个是写出一本新的元代文学史。

向广大读者推荐文学精品，是学者的责任。您刚才的话，邓绍基先生很早就说过。邓先生常常感叹，说现在的年轻人，说起唐宋诗人，都很熟。说起明代诗人，也能举出前后七子等等。问起元代诗人，连名字也说不出。邓先生感慨的状况，至今也没有根本改变。客观地说，元诗的成就，确实没法与唐诗比。14万首元诗的价值，不会高于5万首唐诗，这无需论证。但元代有没有很好的诗？有。这里举一个唐诗误收的例子。在唐诗名篇中有一首署名戴叔伦的《画蝉》："饮露身何洁，吟风韵更长。斜阳千万树，无处避螳螂。"好吗？很好，但它实实在在是元末诗人丁鹤年的作品。元人的诗被当作唐诗名篇，说明元诗确实有精品。以诗人论，像李、杜、苏、黄那样的大家，元代一个也没有。但像您说的杨维桢、虞集、萨都剌等，在中国诗史上都可称名家。由于长期以来对元代文学的偏见，他们的光辉被掩盖了。以诗作论，元诗可称名篇的应该相当多，我们有责任让广大读者欣赏、感受这些作品的美。我这些年经常在各种场合、面对各种听众讲古代诗歌，讲诗的品鉴欣赏。我研究元诗，但给人讲诗，举的例子，却大多是唐诗，一部分是宋诗，很少有元诗，我也因此常常反思自责。元诗的普及，是比研究更艰难的工程。30 年前，邓绍基先生已经做了，他选编过《元诗三百首》（1991 年出版）、《元诗精华二百首》（与史铁良合作，1998 年出版），我们应该努力接着做下去。从学术层面上说，这里还有不少问题，没有必要在这里讨论了。我要说的有两点：第一，近些年出版的古代诗歌选本太多，但能成为经典传之久远的，恐怕很少。"乱花渐欲迷人眼"，增加了工作的难度。要做出为读者喜闻乐见、能推进作品经典化的选本，需要以对古人负责、对读者负责、对学术史负责，也对自己负责的精神，毫无功利目的，尽心尽力投入，精选精注，精雕细刻，做出精品。这对编选者是极大的挑战。第二，我目前已经接受商务印书馆的约请，在做《元好问诗词选》。在阅读了已有的众多选本后，内心感慨较多，感触较深。这话待后交流。至于会不会做《元诗选》，逻辑上说应该有可能。

会不会写一部新的《元代文学史》？邓绍基先生主编的《元代文学史》，尽管出版已近 30 年，在我看来，依然是元代文学研究者的必读书。当然，总结近 30 年来元代文学研究的新成果，写出新的《元代文学史》，是必要的。陶文鹏先生评《通论》

的文章，结尾处明确提出："我期望他在总结元代文学创作经验和文学史发展规律这两方面，更下大功夫钻研，锐意进取，精益求精，写出一部全面、真实、更有理论性与审美性的元代文学史。"他特别强调"审美性"，这是他一贯的主张，也是对我的要求，这就需要对作品的细读深悟。人民文学出版社副总编辑周绚隆先生也曾希望我写一部《元代诗史》。感谢师友对我的信任和期待，所有这些我都谨记于心，作为对我的鞭策。我个人感觉，一个人能够做的事实在很少，我本人更是如此。我在《通论》的后记中说："把元代文学研究做好，有待来哲。"我坚信，年轻的学者，一定会比我做得更好。

（2020年7月15日）

一个热爱"生命"的人

——爱德华·O.威尔逊的博物人生

　　该怎样来描述爱德华·O.威尔逊（Edward O. Wilson）呢？博物学家、蚂蚁研究专家、知识的整合者、一个充满争议的科学家和道德家、作家、环境保育运动的活动家……诸如此类的名词还可以列出若干。令人惊异的是，在涉及的每一个领域，他都取得了不一般的成就。不过，如果说哪一个说法最适合威尔逊，应该是本文标题里这一个。

　　近日，威尔逊新著《生命的未来》中文简体版问世。在书中，威尔逊以大量扎实的数据和例证，再加上亲身的研究和体会，确凿地论证了生物多样性丧失的危险，并提出了应对危机的若干方案和办法。他的笔下，体现出深刻的道德激情，令人信服的伦理思考。当越来越多的科学家满足于埋首实验室，在狭隘的学科分支里精耕细作时；当越来越多的人文学者和社会学者远离事实，沉迷于自说自话时，威尔逊却能融会科学和道德，事实与价值，知识和爱，发出深思熟虑、充满人道精神的声音。有一个说法是，自歌德之后，那种通才博识性的人物就不再有了。至少威尔逊的存在表明了此话并不完全正确。

　　在环境伦理方面，有"浅绿"和"深绿"之争，有人类中心和大自然权利论的分野，而威尔逊奇妙地把两者结合在了一起。实现结合的粘合剂是一种爱——对生命的爱。威尔逊的"个体发生史"，就是这种爱萌发、成长、成熟的一部历史。

天堂海滩上的小男孩

威尔逊 1929 年出生于美国南方阿拉巴马州。7 岁那年，他的父母亲离了婚。"那段日子对他们来说很难捱，但是对我这个独生子来说，一点也不难过"……当时他寄住在一户人家中，那个地方叫天堂海滩，对威尔逊来说，那是一个名副其实的天堂。每天早晨用过早餐，小威尔逊便走出家门，沿着海滩闲逛，搜寻所能见到的每种动物。"每种生物不论大小，只要观察它们，想到它们，或是可能的话把它们逮起来再细细地看一次，对我来说都是件赏心悦事。"身体细长如绿色鱼雷的颌针鱼在水面下游弋；蓝蟹长着一对能刺破皮肤的利爪，在傍晚时分向岸边群集；嘴巴上长着吓人尖刺的黄貂鱼等天色暗下来之后才移向靠近浪头的地方……即使晚上上床之后，小威尔逊也要重温一下白天的探险历程才能入睡。

在时过境迁近 60 年后，威尔逊常常地回忆起儿时与水母、大鳐鱼以及海中怪兽的故事。"我想，这是因为它勾勒出一幅轮廓，隐约可见一位博物学家是如何造就出来的。"一个小孩来到深水边缘，满心期待地准备迎接新奇事物：这就是威尔逊终其一生的特征。

人的命运中既有上天注定，也有意外与偶然。一天威尔逊在码头垂钓，一只小鱼上钩了，他猛地一扯，猎物飞出水面，摔到了脸上，一根鱼刺恰好刺到右眼瞳孔。结果，威尔逊只剩下了左眼的视力，幸运的是，那是一只视力为 2.0 的眼睛。他没了立体视觉的能力，却能清楚地辨明小昆虫身体上细腻的图案和纤毛。稍后，威尔逊又丧失了大部分高频率音域的听力，这使得他无法分辨鸟类与蛙类的叫声。

但不管怎样，威尔逊必定要找一种动物来研究，因为那种热爱生命的火种已经点燃，他把目光投向了地面，开始颂扬地球上那些小东西。一个昆虫学家由此诞生——这不是一个身残志坚的故事，与身体瘫痪的霍金、双眼失明的博物学家弗尔迈伊一样，某一种身体机能的被剥夺，某种程度上并非不幸，反而是一种上天的恩赐。

博物学家的道路

美国社会从来不缺自我奋斗获得成功和荣誉的个人英雄，威尔逊就是其中的典范。但一切却是以一个悲剧性的事件开始的。

1951 年初，威尔逊的父亲以自己心爱的手枪自戕，年仅 48 岁。父亲终生都不得志，中年之后饱受烟、酒、疾病、失败心理、生活混乱的困扰。威尔逊并不欣赏自己的父亲，甚至曾经带着罪恶感希望摆脱家庭义务的束缚。但最终，威尔逊理解了父亲，"人们也可以很轻松地这么说，他应该鼓起更大的勇气，再去尝试，想办法让自己的生活步向正常云云。然而，我还是很肯定，他当时是经过通盘仔细考虑过之后，才做了那样的决定"。

几乎在父亲过世的同时，威尔逊决定申请转学到哈佛大学。那儿有世界上最丰富的蚂蚁标本，昆虫研究的传统既深且久。

作为一个博物学者，哈佛岁月恐怕留给威尔逊印象最深刻的场景并不是课堂和实验室，相反却是远离哈佛的田野和遥远的热带。威尔逊得到机会到热带进行研究：古巴，墨西哥犹卡坦半岛，委拉克鲁斯海岸，之后是新几内亚及其他南太平洋群岛。

"在关键时刻获取丰富的实际经验，而非系统知识，才是造就博物学家的重要因素"。在学术上，威尔逊逐渐走向成熟，他开始撰写一篇篇的论文，提出一个个新的假说、见解和理论，其涉足领域包括生物地理学、进化生物学、社群昆虫生物学、蚂蚁分类等等。

而蚂蚁似乎成了威尔逊形象的一个 Logo。以这种小生灵为主题，他写出了大量的论文和专著。在接受《科学美国人》杂志记者约翰·霍根采访时，威尔逊拿着一厚摞他绘制的蚂蚁草图说："也许在你看来这是项极其枯燥乏味的工作，但对我来说，这却是所能想象到的最佳消遣活动。"他说，每当他鉴别出一个新的物种，"似乎有看到了造物主的真面目的感觉"。霍根评价说："一只小小的蚂蚁，就足以使威尔逊对宇宙的玄妙保持敬畏之心。"

多年耕耘收获的香甜果实是《蚂蚁》（The Ants，与霍德伯格合作，1990 年），这本书共有 722 双栏页，数百张教科书图表和彩色插图，以及 3000 条参考书目，总重 3.4 公斤，"符合我所谓的'巨著'标准——从三楼掉下来时，重得足以砸死人"。第二年，《蚂蚁》荣获当年度非小说类普利策奖，这是第五本获普利策奖的科学书籍，如果限定为科学专著，则是第一本。获奖以后，威尔逊颇为自得地说："得到这项最高荣誉后，除了走下坡路之外，我还能走到哪里去呢？"

当然，威尔逊并未走下坡路，几年之后，他又一次获得美国这一最著名的奖项（这次是《论人性》）。在科学家中间，两次获普利策奖的记录如果不是绝后，至少是空前的了。

知识统一之梦及其插曲

1978 年，在美国科学促进会年会上，威尔逊受邀发表演讲。演讲即将开始，一群示威者冲上讲台，把一罐冰水倒在威尔逊头上，并高喊："威尔逊，你全身湿透了（这句英文俚语意思是'你不受欢迎'）。"

一名爱好独处的昆虫学家为何会掀起这般喧闹风波？答案是：社会生物学。

在职业生涯的每一个阶段，威尔逊总是把眼光放开，试图了解如何将他所掌握的知识进行博学的拼凑，使之可能适应的范围更广泛。在 1971 年出版的《昆虫社会》（*The Insect Societies*）一书中，他综观黄蜂、蚂蚁、蜜蜂和白蚁的社会性进化。威尔逊开始以遗传、进化等概念来解释动物的社会行为：自私、合作、权力、家庭等等，研究范围则扩及珊瑚、管水母类及其它无脊椎动物、社会性脊椎动物（特别是灵长类），最后则是人。1975 年，威尔逊完成了《社会生物学：新的综合》（*Sociobiology: The New Synthesis*），该书的最后一章是关于人类的，其观点是，所谓的"人性"——两性分工、亲子关系、对近亲的高度利他行为、乱伦行为、部落主义、雄性统治等等——很大程度上是遗传所决定的，是动物性的。"我相信，生物学终有一天会成为社会科学的部分基础"；"人文学科以及社会科学将缩小为生物学里特化的分支"——霍根在他那本著名的书（《科学的终结》）中"夸张地"称此为"社会科学的终结"。《社会生物学》一出现，立即遭到左翼人士的攻击，其中包括著名学者古尔德、路翁亭的强烈批评，他们指责威尔逊的观点不过是社会达尔文主义的现代翻版，是为种族主义、性别歧视和帝国主义提供科学上的辩护，政治上不正确。此外，还有针对威尔逊的"阴谋"以及上面提到的那场"泼水事件"。谈到这一切，威尔逊不无失望地说，原来哈佛这个"自由派圣地"并不自由，他甚至把他所受到的不公平对待联系到臭名昭著的"麦卡锡主义"。

但那毕竟是20世纪70年代，而不是20世纪50年代。威尔逊并没有被吓倒。随后，他完成了《论人性》（*On Human Nature*，1978年），然后是两本人类社会生物学方面的著作：《基因、意识与文化》（1981年）和《普罗米修斯之火》（1983年）。在《协调：知识的统一》（*Consilience：The Unity of Knowledg*）中，他更试图将科学、人文和艺术融为一体，构成人类知识的广义研究。

也许威尔逊走得有点过头了，正如有的评论中指出的：科学不可能解释所有那些变幻莫测的人类思想和文化，也不存在关于人类本性的终极理论——足以解答我们自身所有问题的理论。然而，我们要说，威尔逊的努力是令人敬佩的。人类的知识是统一的。一切文化都是建立在智人这一物种的生物基础上的。这都是难以否认的。

亲生命性和生物多样性

对威尔逊来说，来到生物多样性和环境保育运动中是再自然不过的事情。想想天堂海滩上那个小男孩，当那些令他着迷的生灵消失了踪迹，难道他能无动于衷？

在《生命的未来》的开篇，威尔逊放上了一篇长长的致故去一个多世纪的思想家梭罗的抒情信。作者来到了瓦尔登湖，这个地方与梭罗的名字紧密相连。在梭罗的时代，地球上很多地方依然人迹罕至，物种多样性完好无损；但在威尔逊的时代，一半的热带森林已经砍伐殆尽，世界的边界已经消失，动植物物种正以前所未有的速度消亡。"对于你来说，这里是瓦尔登湖，湖面上忧伤鸽子的乱舞，湖边青蛙的悲鸣，那深沉的哀伤划破这黎明前平静的湖水——这才是拯救这个地方的真正原因！"威尔逊写道。

在环境保育问题上，威尔逊再次显示出某种整合的能力和秉性。《生命的未来》包含了许多实证的关于某某物种的状况（比如那只名字叫艾米的苏门答腊犀牛的故事），还有一些地区（比如夏威夷）物种多样性的研究成果，而关于自然经济、生态伦理的论述也令人信服。

威尔逊曾提出"亲生命性"的概念，就是说，人类对其他生命形式有亲切感，人类偏爱天然的环境，这是与生俱来的，也正是进化的结果。因为这种"亲生命性"，人类不会坐视生态毁坏、物种灭绝而不顾的。

"大自然是我们的一部分，正如同我们是大自然的一部分。"在威尔逊的眼里，环境保护根本不是人类超越性的追求，而不过是我们天性使然。这种天性，已蕴涵了使我们这个幸运而又不幸的物种得到救赎的机会。

批评的声浪终将止息

——就《生命的未来》访爱德华·O.威尔逊

在采访过程中，一个突出的感受是威尔逊非常谦逊，但谈起自己的学术观点，谈起维护生物多样性的重要性，他却显得极为自信，甚至是好斗。

问：很抱歉，我们是否可以以另外一本书——《怀疑论的环境保护论者》（The Skeptical Environmentalist）——开始这个采访。这本书认为，环境问题完全是危言耸听，是被人杜撰夸张出来的。这本书在中国影响也很大，中国的很多媒体都进行了介绍。您如何看待这本书提出的观点和证据？您的《生命的未来（The Future of Life）可以看作对该书的一个回应和反驳吗？

威尔逊：那本书充满了事实错误，其中的证据经过"精心"选择，容易让人误解，书中的争论也是虚假的。几乎所有环境科学家都对此书嗤之以鼻。丹麦科学院曾经组织了一个特别委员会，由前高等法院的一名法官担任主席，经过认真的审查，宣告《怀疑论的环境保护论者》是一本"不诚实"的著作。

问：在《生命的未来》一书中，您分析了物种灭绝的速率，其数值从每年十万分之一到每年百分之一，当然，这只是一种预测，那么目前实际的灭绝速率大概是多少？有什么科学上的证据支持您的判断？

威尔逊：那只是一种估计，有四个方面的证据支持这种估计：物种灭绝的观测报告，特别是世界上某些地区物种的大量灭绝；动植物栖息地破坏与物种灭绝之间明显的关系；官方监测的物种的灭绝速率；人口增长对稀有物种的影响。

问：如果物种按照现在的灭绝速率下去，五十年后地球上的物种总量将会减少多少？如果要使五十年后物种总量维持现在的水平，有没有可能？

威尔逊：保存所有的物种希望是很渺茫的。但采取适当的措施的话，许多物种是不会灭绝的。如果我们什么都不做，物种灭绝以现在的速率进行下去，我认为，一百年以后，地球上一半的动植物将不复存在或者到达濒临灭绝的危险状态。

问：夏威夷是个美丽的度假胜地，但是，在 *The Future of Life* 中，它却是物种灭绝的屠宰场。在这里，您强调了影响生物多样性的 HIPPO 原理，HIPPO 是一个可以普遍应用的分析模式吗？

威尔逊：实际上，HIPPO 只是一个导致物种灭绝的因素的列表：生境破坏（Habitat destruction），入侵物种（Invasive species），环境污染（Pollution），人口增加（Population），过度收获（Overharvesting）。这些因子排列的顺序显示了其对物种数量影响的重要程度。但这个顺序不是绝对的，也许，在北美其顺序是 HIPPO（生境破坏，入侵物种……），在欧洲则是 IHPPO（入侵物种，生境破坏……）。

问：在书中，您从实用主义的角度出发，指出物种灭绝将使人类蒙受经济和福利上的重大损害。

威尔逊：据估计，自然生态系统对世界经济的贡献达到每年3万亿美元，大约相当于全世界的国民生产总值，而那是完全免费的。伴随着物种灭绝，这个数字将会下降。以小小的真菌为例，以此为材料制造的产品可在器官移植中发挥作用。类似的例子数不胜数。

问：在保护生态多样性的理由中，除了上面人类中心的实用主义观点之外，您还提到了感情中心的观点。您指出，热爱生命乃是人类的天性，您在1984年的一本著作中把那命名为亲生命性。您能简要介绍一下您的这一理论吗？这种亲生命性的感情因素能否成为生态多样性得以维持的希望所在呢？

威尔逊：我相信，在对环境保护和经济收益等方面均给予考察之后，最后的争论将落在审美和伦理方面。我们需要地球上的其他生命，需要这些生命的多样性和美来填充我们心理和精神的基本需要。

问：还有生物中心的观点。您以非人类中心主义的大地伦理学、深层生态学、动物权利论而广为人知，也受到了广泛的批评和攻击。有人认为，非人类中心主义的深层生态学是反人类反人道的，而且和自然选择形成的利己主义是完全冲突的，因此也是虚伪的。您如何看待这一问题？

威尔逊：我不认为非人类中心主义的观点是伪善的。相反，我坚信，所有的伦理和审美判断都深植于人的本性之中，单单人类中心主义的观点并不足以形成一个有力的保护主义的伦理体系。

问：正如您在《生命的未来》书中所引那位喀麦隆记者 F. 比库鲁所言："你们破坏身边的环境，从而得到了发展，现在却要禁止我们这样做。我们凭什么要放弃呢？你们没有森林，却拥有了电视和汽车。人们想知道他们从保护森林中究竟可以得到什么回报？"在许多发展中国家，包括中国，经济发展与保护环境之间存在着巨大张力，而经济利益的考量通常会使人们优先选择经济发展，而以牺牲环境为代价。我想问的是，人们是否可能找到一个较好的办法来解决这一两难问题？

威尔逊：是的。我们能够找到一个解决办法，那并不太困难。许多研究和事例都表明，森林保护和经济增长能够协调在一起。例如，在美国，森林带来的 350 亿美元的产值中，其中 87% 来自娱乐业。Costa Rica 的收入的大部分来自于旅游业，它 80% 的电力来自于山地森林中的水力发电。这个森林能够随时得到更新。有许多方法可以保证自然森林保持下去比把它们变成农田经济收益更大。

问：进一步地，环境保护运动已经触及传统经济学的核心理念，那么，我们是不是应该及时地重塑经济学的理论？

威尔逊：是的。每个国家都有三大财富：经济上的、文化上的和生物学上的。生物学意义上的财富——它的自然环境、动物区系和植物区系——对于经济和文化的发展是至关重要的，但我们却常常忽视甚至破坏它。我们必须学会在制定政策时考虑到它，必须更好地照顾它。

问：您是一名科学家，但是您的书中多次提到伦理、道德，您甚至提到，解决那些权属不明的领土问题，一个办法是将那些土地建成国际和平公园，您写道，"刀剑可以铸成犁耙，战场也可以变成自然保护区"，对您的这些理想主义的言论，我们深表钦佩。您在书中还写道，"科学技术让我们可以做什么，而道德规范决定我们应不应该做"，我的问题是，在生物多样性保护运动中，科学技术可以做什么，伦理学可以做什么？或者说，两者应该如何进行合作？

威尔逊：为了人类的繁荣、安全和精神需要，我们需要保持地球上的生物多样性。我们需要最好的科学和技术去保护和利用地球上的物种。我认为这样做的经济利益和象征意义都是巨大的。

问：还有一个问题是，您在书中对伦理的讨论是否越出了一个科学家应该待的领地？而且，伦理讨论是否某种程度上削弱了该书科学内容的可信度呢？

威尔逊：我相信伦理讨论是科学的一个组成部分，不仅为了评价科学发现的实际应用，也为了促进知识的统一。关于后者，我在《协调：知识的统一》（*Consilience：The Unity of Knowledge*）一书中作过专门的论述。科学能够帮助我们理解伦理的生物学起源和意义所在。

问：在您的自传《大自然的猎人》中，您曾经写道："科学家应该在什么样的情况下变成社会活动者？由于有过痛苦的经验，我深知介于科学和政治活动之间的地带是相当险恶难测的。"在介入环保事业的过程中，您再一次感受到那种险恶了吗？

在这个问题上，您对别的科学家有什么建议和忠告呢？

威尔逊：是的，我感受到了那种"险恶"。相当奇怪的是，我以前关于社会生物学和人类遗传学的作品遭到了政治极左派的攻击，而现在我关于环境保护的写作则受到了极右派的大肆批评。我对其他置身于同我一样境地的科学家的建议是，如果你是正确的，那么你要相信，批评终将归于沉寂。

问：您曾两次获得普利策奖，获奖是对您文学和写作上的认可，我们想知道，您写作上的才能是天生的吗，还是来自于特殊的训练？

威尔逊：我认为，写作才华是与生俱来的。每一个人都有特别的才能。成功的关键是，尽可能早地发现自己的天分所在，并且予以培养和训练。

问：最后一个问题：您相当多的作品是普及性的，在中国可以名之为科普图书，作为一个科学家，您为什么喜欢写这种普及性的作品呢？

威尔逊：因为我喜欢写作。我发现，写作带给我多方面的回报，特别是，当我认识到这种科普作品以及人们对科学的正确理解对于一个文明社会是极为重要的之后，我感觉非常满足。

（采访得到田青女士、李博先生帮助）

（2003年8月27日）

"李约瑟问题"没有简单的答案

——访席泽宗先生

席泽宗，中国科学院院士，国际科学史研究院院士，中国科学院自然科学史研究所前所长、研究员。1955 年发表《古新星新表》，1965 年发表《增订古新星新表》——这两个表受到了国际天文学界极大重视，被引用千次以上，是国内发表的科研论文中引用率最高的。主要著作有《中国天文学史》（科学出版社，1981 年）、《科学史八讲》（联经出版事业公司，1994 年）、《古新星新表与科学史探索——席泽宗院士自选集》（陕西师范大学出版社，2002 年）等。

作为中华人民共和国科学史学科的创建人、见证人和领军人物之一，也是第 22 届国际科学史大会的顾问，席先生在大会召开前夕接受采访，畅谈了他个人的学术生涯、对中国科学史事业以及对科学的看法。

问：您从 20 世纪 50 年代踏足科学史领域，1955 年发表《古新星新表》，轰动了科学界。请问您当初怎么选择了科学史这个行当的？

席泽宗：实际上，当时并没有科学史这个行当，中华人民共和国成立前就在科学史方面卓有成就的李俨、钱宝琮也是业余在搞，没有人凭这个吃饭的。我做"古新星新表"这个研究的时候，工作单位是科学院编译局，也就是后来的科学出版社。"古新星新表"是一个天文学题目，但它要利用历史资料来做。完成这个题目之后，我们国家的科学史专业开始了建制化，我很自然就进入了这个领域。

问：我查阅了您的《古新星新表》，这篇论文不过10余页的篇幅，为何会有那么大的影响？这个工作难度大吗？

席泽宗：二战中发明了雷达，雷达在监视天空的时候发现了三个很强的辐射源，其中一个就是太阳。假如我们不是用眼睛来看天空，而是用无线电波扫描天空，看到的是三个太阳。三个里面有一个是蟹状星云。1054年，宋仁宗的时候，一次超新星爆发制造了蟹状星云，中国史书记录了下来。这件事引起了全球科学界的关注。人们认为，天空里的射电源就是过去的超新星爆发的结果。人们就想到查看历史上记录的超新星爆发对应着哪些射电源，或者反过来，查看后来发现的几百个射电源是否有对应的历史记录。1947年，杨振宁在美国请氢弹之父泰勒来做这个研究，但泰勒限于资料有限，以及兴趣不在此，没有去做。中华人民共和国成立后，苏联一个著名天文学家什克洛夫斯基建议中国来做这个工作。竺可桢接到苏联科学院的信之后，就把这个任务交给了我。这个工作主要是要查阅古书，包括"二十四史"（主要是天文志）、各代《会要》、《文献通考》和《通志》，还有一些杂史和日本的天文史料。

问：《新表》的价值主要在科学上，而不是历史学上。所以有人说它主要还是一项科学研究，是科学史领域一个可遇而不可求的机遇，您如何看待这个说法？您认为科学史是科学的一个分支，还是历史学的一个分支呢？

席泽宗：确实，这个工作主要的价值是在天文学上。当时国际科学界引用达千次以上，而且那是在中西方几乎完全隔绝的情况下。杨振宁每次遇到我，都会提起这件事。

不过我认为，科学史应该还是历史学的一部分，方法上是以研读文献为主，也需要进行观测、实验、计算，但主要是为了验证前人的成果。

问：谈到中国科学史学科的历史，1957年中国自然科学史研究室的成立应该是一个标志性事件。请问国家的这个举措是基于什么考虑？另外，当时竺可桢、叶企孙、刘仙洲等科学家都积极从事和推动科学史研究，请问他们的热情来自何处？

席泽宗：1956年，中央提出了制定十二年科学发展规划，吹响了向科学进军的号角。中国科学院副院长张稼夫总结了科学工作四个方面的任务，第四条就是："总结祖国科学遗产，总结群众和生产革新者的先进经验，丰富世界科学宝库。"在此之前，1954年底，科学院历史二所下面先成立了中国自然科学史研究委员会，这个委员会有17名成员，都是在国内外享有盛誉的一流学者，对科学史事业给予了热情支持。科学史成为一个职业是在1957年中国自然科学史研究室成立以后，当时，研究室正式工作人员只有8人，包括李俨、钱宝琮、严敦杰和我等。竺可桢在哈佛大学留学的时候就听过国际科学史权威萨顿的课，对科学史专业有所了解。他做了不少很有分量的气象学史、天文学史的工作，我的一个大学老师就说，竺可桢作为一个气象学家、天文学家在世界上也许不是最优秀的，但他关于中国二十八宿起源问题等研究是世界一流的。叶企孙读中学时就对科学史感兴趣，他知识渊博，白天做物理研究，晚上就在看古书。像刘仙洲、李俨等从事科学史研究也是源于个人兴趣。

问：50年代，《人民日报》等报刊发表了一批反映中国古代科技成就的文章，评价称"对当时的爱国主义教育和批判崇外思想起到了一定的作用"。很长时间内，国内的科学史研究都以发掘中国古代科技的第一为重要内容。您觉得该如何评价科学史研究的爱国主义取向呢？

席泽宗：这个事情要历史地看。五四以后，老一辈学者学习西方科技之后，就觉得有必要看看哪些成就中国古代已经做到了。1949年后，爱国主义教育确实是科学史研究的重要目的之一，当时《人民日报》头版报头位置开设了"中国的世界第一"专栏，竺可桢等都是重要的撰稿人。另外，报纸还发表了不少关于中国古代科技成就的文章，例如竺可桢的《中国古代在天文学上的伟大贡献》《中国过去在气象学上的成就》等。当时的情况是，研究中国近代科技史的话，牵涉的政治问题太多；研究世界科技史的话，既有政治气候方面的制约，我们也缺乏语言等方面的准备。我觉得，爱国主义教育的需求确实客观上推动了这个学科的发展。另外，这种取向的科学史研究如果是实事求是的话，其价值也不可抹杀。但是，如果现在我们研究科学史还仅仅为了爱国主义，就显得太狭隘了。

　　问：李约瑟在中国受到那么高的礼遇是否也是因为他的工作特别肯定了中国古代文明的辉煌，说了中国人很多好话？

　　席泽宗：李约瑟写中国古代科技史，在国际上的影响比我们自己人要大。一是因为他的学术地位，他当时已是英国皇家学会会员，是著名的生化学家；二是因为他的书是剑桥大学出版社推出的，这个出版社牌子很硬。我们国家的领导人看到外国人对中国古代的科技成就研究得那么深入，而我们自己没有做，就很重视。所以，这个学科在中国能够存在，在世界上有这样好的发展，李约瑟功不可没。

　　问：您曾说"李约瑟难题"的提法有问题，李约瑟提出的问题是：近代科学为什么没有在中国诞生？您说，历史上没有发生的事情，不是历史学家研究的对象，也很难得到一个公认的答案。但是，我觉得，多年来人们乐此不疲地讨论这个话题，这个现象倒是很值得破解、玩味的。

　　席泽宗：实际上，"李约瑟难题"的提出并不是始自李约瑟，早在五四时期，任鸿隽、竺可桢等人都谈论过这个话题，但李约瑟的介入，使这个话题的影响变得更大了。我认为，近代科学没有在中国诞生的原因是多方面的，不可能有一个简单的答案。另外，近代科学在中国没有诞生和当今中国科学落后，是两个问题，不能混为一谈。近代科学不是在俄国诞生的，但前苏联和今天俄罗斯的科技不也很发达吗？近代科学也不是在美国诞生的，但今天美国的科技却走在世界最前面。有人提出把"李约瑟难题"作为当前的一个重大科研课题，我并不赞成。

去年 12 月份我在《科技中国》杂志上发表过一篇文章谈这个问题。我的观点是，把近代科技在欧洲的诞生归结为古希腊文化的影响，不能令人信服。比如，人们常常谈到欧几里得《几何原本》对近代科学的影响，但现在流传的《几何原本》文本是 1808 年在梵蒂冈图书馆发现的公元 10 世纪的一个手抄本，无法肯定它是真的"原本"。作为近代数学标志的微积分，并不是从欧几里得几何学发展出来的。人们注意到牛顿的《自然哲学的数学原理》是按《几何原本》的模式写的，但牛顿自己说过，《几何原本》对他没有多大帮助。把中国没有出现近代科学归结为中国传统文化的影响同样犯了文化决定论的错误。我不能完全同意杨振宁先生提出的《易经》影响了中国科技发展的提法。《易经》的影响没有孔子思想的影响大，而以《论语》为据，孔子的言行对科学发展不但无害，而且是有益的。我想，谈论中国近代科技为什么落后了，还是要从当时的社会、经济、政治条件出发进行综合分析。

问：大家对"李约瑟难题"的热情经久不衰，倒是反映了中国人的一种情结——一种以西方为参照标准，寻找文化自信，进行自我定位的一种努力，您认为呢？我们总在以西方为标准衡量自己，问中国古代有没有科学？中国古代有没有演绎逻辑？中医是不是科学？——诸如此类。我想问的是，能否跳出西方中心的立场来研究中国古代科学的历史呢？

席泽宗：我觉得不太可能。我们无法跳出我们现在所处的环境，无法对自己"洗脑"，也就无法放弃既定的眼光。比如研究古代天文学史，自然要用到我们学到的现代天文学知识。

问：您的博士生江晓原先生写了《天学外史》，以他的观点，中国古代没有天文学，只有天学；在古代，无论西方还是东方，占星术都差不多是天学的主流。以现代科学的观点来看，那些都是典型的伪科学吧？

席泽宗：我觉得还是不要滥用伪科学这个词。当然，伪科学我们要反对，但让它存在也不是不可以。一个东西是不是伪科学，还是要后来看。其实，从科学史来看，科学中大多都搀杂了一些不科学的东西。所以，对不同的观点应该宽容。

问：这次科学史大会的主题是"全球化与多样性——历史上科学与技术的传播"，我曾问过刘钝先生"多样性"是否指科学的多样性，他说"多样性"还是指文化的多样性。您认为科学有多样性吗？除了一个大写的、单数的科学（Science）外，有没有小写的、复数的科学（sciences）呢？还是说只有一个大一统的科学和一种已经臻于完善的科学方法存在？

席泽宗：我觉得科学还是同一性大。但是，现在的科学是否已经进化到最后的图景，还不能说。以天文学来说，人类已经探索了几千年，但宇宙里 90% 的物质（暗物质、暗能量）还看不到，还是未知。所谓臻于完善的科学方法也很难说，如果真是那样，今后就不会再有科学革命了。所以，科学远未终结。

问：近年来科学史研究发生了很大变化，除了研究力量得到增强之外，国内科学史界对西方科技史、对科学思想史、对科技与社会关系等的关注，都是前所未有的。另外，像科学知识社会学、女性主义、后殖民主义等思潮都被引入，对中国科学史界影响很大。您如何看待这些变化？

席泽宗：百花齐放，百家争鸣，我觉得是好现象，是进步。有人要来规范科学史，要区分什么是科学史，什么不是，或者说规定大家怎么去研究科学史，我觉得没有必要。

问：在很多人看来，科学代表了正确、真理、进步，但是当代的科学史学者越来越关注科学史上科学对社会的负面影响，比如原子弹、毒气作为杀人武器，成为人类挥之不去的噩梦，比如DDT等发明导致了严重的环境问题。有人说科学产生的负面效应与科学无关，科学是无辜的，要怪只能怪人类没有用好科学。您怎么看？

席泽宗：科学发展不可完全预料，科学产生的后果也不可完全预料。比如汽车发明的时候，有人说今后城市将能够保持卫生，因为淘汰了马车之后，马粪就没有了。但有了汽车之后，尾气造成的空气污染问题更加严重。农药的发明和使用也是相似的情况。不过，科技带来的问题也还必须用发展科技来解决，毕竟人类不可能回到原始社会。人们说，学习历史让人变得聪明，科学史可以帮助我们理解和预测科技进展可能的后果，从而更好地规划科学的发展。但是，科学史有没有那么高明，也不好说。

问：这次大会对中国科学史界无疑是一个很大的推动，那它对科学史界之外的人文学界、科学界以及公众有什么意义呢？

席泽宗：我想这次大会至少可以让更多的人知道有科学史

这门学科。另外，人们在日常生活中使用科技成果，自然会对这些成果如何被发明、如何被发现感兴趣的，所以每个人都会有兴趣了解一点儿科学史的。

（2005年7月27日）

中国古代数学：不仅重"实用"，而且有"理论"

——访郭书春研究员

2008 年，中国科学院"八五"重点研究课题、国家自然科学基金资助项目、国家"九五"重点图书出版项目《中国科学技术史》通过专家验收，学界曾给予高度评价，认为："这套中国人自己编写的大书出版以后，我们谈论中国古代科技史，可以不用言必称李约瑟了！"不过，当时这套书还未出齐。去年 10 月底，《中国科学技术史·数学卷》由科学出版社出版，使这一重大出版工程又向前迈进一步。该书出版以后，学界赞誉有加，认为是对截至 21 世纪头十年中国数学史研究成果的最新全面总结，是该领域里程碑式的成就。日前，记者采访了该书主编郭书春先生。

问：据了解，《中国科学技术史·数学卷》的编纂工作早在 20 世纪 80 年代后期既已启动，直到去年才最终完成，为什么耗时如此之久呢？

郭书春：作为"八五"计划的中国科学院重大课题的一个子课题，《中国科学技术史·数学卷》是 20 世纪 80 年代末启动的，我是作者之一，由于种种原因，特别是因主编出国，没有按时完成，却把经费花光了。在《中国科学技术史》编委会和中国科学院自然科学史研究所领导反复动员下，我在 2004 年夏应允出任《中国科学技术史·数学卷》主编，随即在 2004 年下半年重新组建编委会，考虑到本人关于明末之后的数学史修养比较薄弱，我提议李兆华先生出任《数学卷》副主编，约请了冯立昇、傅祚华、高红成、郭金海、郭世荣、韩琦、侯钢、纪志刚、孔国平、吕兴焕、田森、汪晓勤、王渝生、徐泽林、邹大海（以姓氏拼音为序）等中国数学史学科的学术带头人和科研骨干参加编写。大家齐心协力，在经费十分少，甚至零经费的情况下完成了撰写。

问：据了解，自 20 世纪 30 年代以来国内外已经出版了十几部不同规模的中国古代数学的通史性著作，请问，《中国科学技术史·数学卷》与这些著作相比有什么特点？

郭书春：首先是关于中国数学史的分期，近一个世纪来，学术界有各种不同看法。我们赞同钱宝琮的思想，认为数学史的分期应以数学内部的发展为主要依据，同时考虑相应时期的社会经济、政治的变革和思想、文化背景，因此，我们结合 30 余年来中国数学史研究的新成果，将中国数学史分成中国数学的兴起——原始社会到西周时期的数学，中国传统数学框架的确立——春秋至东汉中期的数学，中国传统数学理论体系的完成——东汉末至唐中叶的数学，中国传统数学的高潮——唐中叶至元中叶的数学，传统数学主流的转变与珠算的发展——元中叶至明末数学，西方数学的传入与中西数学的融会——明末至清末的数学，共六个时期，这正是本书的六编。

其次是尊重并认真研读原始文献。这本来是对数学史工作者的起码要求。但是，不客气地说，一个世纪以来，不认真研究原始文献，对古文进行曲解，随意删节、篡改，在数学史研究和著述中并不鲜见。本书依据原始文献，对清中叶以来学术界流传一二百年的对《九章算术》的编纂、刘徽的割圆术及求圆周率的程序、杨辉《详解九章算法》的结构、秦九韶的人品（秦九韶的人品，学界有争议，郭书春确曾就此做过探讨）及其大衍总数术、李冶《测圆海镜》为何而作及其天元式等中国数学史的重大问题的认识偏颇做了实事求是的纠正。

第三，本书力图探索各个时期数学的发展与当时社会经济、政治、思想、文化的关系。

问：在我们一般的印象中，中国古代数学强调实用，未能像西方数学那样发展出高度抽象化、形式化的纯数学，所以其能到达的高度也就大为受限，是这样吗？

郭书春：这正是我要讲的本书的第四个特点，就是重视中国古代数学理论的探讨。说中国古代数学重视实际应用是不错的，但简单地以此来概括中国古代数学的特点，并认为中国古代数学没有理论，就失之于片面了。许多中国数学史著述进而将中国古代数学著作统统概括为"应用问题集"，特别是将《九章算术》概括为"一题、一答、一术的应用问题集"，并不符合实际情况。不言而喻，应用问题集是以问题为中心的，而《九章算术》等著作的主体部分则是以术文为中心的。《九章算术》中，许多术文是几道、十几道甚至是几十道题目的总术，大部分术文是非常抽象的具有普适性的严谨算法。另外，刘徽《九章算术注》、贾宪《黄帝九章算经细草》和杨辉《详解九章算法》

等进一步抽象了《九章算术》抽象得不够的术文。《海岛算经》《张丘建算经》《缉古算经》《杨辉算法》《算学宝鉴》等的术文是关于一种数学问题的比较抽象的算法。所以，简单地将中国古代数学的特点概括为实用，并不准确。

问：还有一种非常流行的看法是，中国古代数学中没有形式逻辑，尤其没有演绎逻辑。李约瑟也说过，"在从实践到纯知识领域的飞跃中，中国数学是未曾参与过的"，所谓成就都是经验的积累，没有推理和证明，总之，是没有数学理论。您同意这类说法吗？

郭书春：我不同意。数学理论，最主要的有两个方面：首先是具有普适性的抽象性的正确的算法；其次是有关于这些算法的推理和论证，以及数学定义，并且其推理和论证主要是演绎的。对前者，前已指出，《九章算术》等著作中有大量关于一类数学问题的具有正确性、普适性和抽象性的术文，这本身就是数学理论。后一方面来说，尽管大多数中国古代数学著作都没有数学定义、推理与论证，但绝不是全部。事实上，刘徽的《九章算术注》和贾宪的《黄帝九章算经细草》、李冶的《测圆海镜》《益古演段》、杨辉的《详解九章算法》《杨辉算法》、王文素的《算学宝鉴》等都有不同程度的定义、推理和论证。李约瑟已经指出杨辉有演绎推理的倾向。实际上，刘徽《九章算术注》中的演绎推理和数学证明比杨辉高明得多，深刻得多。我们经过考察发现，现今形式逻辑教程中关于演绎推理的几种主要形式，刘徽都娴熟地使用过，而且没有任何循环推理。刘徽的数学证明是相当严谨的。说中国古代数学没有演绎逻辑，大约是没有读或者没有读懂刘徽的《九章算术注》。西方有远见的学者，比如以研究古希腊数学著称的英国罗界（G.Lloyd）爵士多次与我讨论刘徽的证明问题，他对刘徽的评价极高。法国伦理与政治科学院院长 E.Poulle 教授等认为刘徽在数学证明及其意义的概念上有新的突破。

我们认为，刘徽等数学家的数学证明表明，中国古代存在着纯数学研究，也就是为数学而数学的活动。一个明显的事实是：就实际应用而言，《九章算术》和许多数学著作提出的公式、算法，只要能够无数次地应用，并且在应用中表明它们正确就够了，不在数学上证明它们，根本不会影响它们的应用。刘徽《九章算术注》对《九章算术》的公式、算法进行了全面而且基本上是严谨的证明，并在证明中追求逻辑的正确、推理的明晰，这显然是纯数学的活动。杨辉、王文素等的论证工作，也属于纯数学的范畴。另外，像祖冲之将圆周率精确到 8 位有效数字，更不是实际应用所需要的。实际上，祖冲之后一千多年间，在工艺技术和历法的计算中，人们还大多使用"周三径一"，除了数学著作中的计算外，甚至连徽率 157/50 也未必使用。王恂、郭守敬制定明以前最精确的历法《授时历》，仍然使用圆周率 3。事实上，即使使用祖率 355/113 或 8 位有效数字的圆周率计算出需要的数值，没有近现代的精密加工技术，古代加工技术所造成的误差，会远远超过圆周率不精确造成的误差。显然，追求圆周率的精确值，不是人们日常生产、生活的需要，而是纯数学活动。

问：您前面提到中国古代数学很重视算法，中国古代的算法和现代计算机科学中常说的算法是一回事吗？如何看待中国数学的这一特点？

郭书春：应该说是一回事。事实上，中国古代的许多算法稍加改变就可以用到电子计算机上。

20 世纪 70 年代以前，中国数学史界一般将中国古代数学的特征概括为强烈的位值制、以计算为中心、数学理论密切联系社会实际等。这是非常明显的，也是正确的。钱宝琮等前辈已经做了充分的论述。然而，进一步问，中国古代数学的算法有什么特点？提出并解决这个问题的是吴文俊。他说："我国古代数学，总的说来就是这样一种数学，构造性与机械化，是其两大特色。"构造性和机械化的思想贯穿于整个中国古代数学的始终。所谓构造性数学是指从某些初始对象出发，通过明确规定的操作展开的数学理论。中国古代的方程术即线性方程组解法、刘徽求圆周率的程序、开方术和求高次方程正根的增乘开方法、大衍总数术即一次同余方程组解法等成就都是典型的构造性方法。所谓机械化，就是刻板化和规格化。《九章算术》中的分数四则运算法则，开平方、开立方程序，方程术等，刘徽的求圆周率的程序、解方程互乘相消法和方程新术，等等，都具有规格化的程序，是典型的机械化方法。吴文俊院士正是从中国传统数学的构造性和机械化特征得到启发，开创了数学机械化理论，为当代数学做出了重大贡献。

问：研究中国古代数学史，除了要准确地描述其发展历程和特点之外，我想，还应该对中国古代数学与西方数学、现代数学的关系做出说明。我们从上学开始，接触的数学概念、定理、理论大多都是以西方人的名字命名的，所以，很多人都会觉得，似乎中国古代数学与现代数学是没有多大关系的。这种看法是否成立呢？

郭书春：事实上，许多西方学者也有这种看法，像西方著名数学史家克莱因在《古今数学思想》中就将中国与日本、玛雅的数学一道列入"对于数学思想的主流没有重大的影响"而略而不论。李约瑟则根据自己以及李俨、钱宝琮、严敦杰等学者的中国数学史的研究成果，指出在数学上，"在公元前250年到公元1250年之间，从中国传出去的东西比传入中国的东西要多得多"，批驳了中国古代数学源于古巴比伦、古希腊和古印度的谬说。

吴文俊根据钱宝琮的思想，将中世纪数学发展过程概括为"中国—印度—欧洲"和"希腊—阿拉伯—欧洲"两条路线。后来，他进而指出："贯穿在整个数学发展历史过程中有两个中心思想，一是公理化思想，一是机械化思想。"不久，他又将"两个中心思想"改成"两条发展路线"："一条是从希腊欧几里得系统下来的，另一条是发源于中国，影响到印度，然后影响到世界的数学。"他明确地回答了数学发展的主流问题："在历史长河中，数学机械化算法体系与数学公理化演绎体系曾多次反复互为消长交替成为数学发展中的主流"，而"中国古代数学，乃是机械化体系的代表"。这就是说，在吴文俊看来，数学发展的主流并不像以往有些西方数学史家所描述的那样只有单一的希腊演绎模式，还有与之平行的中国式数学，而就近代数学的产生而言，后者甚至更具有决定性的（或者说是主流的）意义。正是以中国数学为其源头和重要组成部分的东方数学，包括数学方法和用数学解决实际问题的传统，传到欧洲，与发掘出来的古希腊数学相结合，导致数学模式和数学家的数学观的改变，重视数学计算，走向几何问题的代数化，从而开辟了文艺复兴后欧洲数学的繁荣，并开辟了通向解析几何和微积分的道路。总之，只要了解并客观、公正地评价中国传统数学，就会发现，它是世界数学主流的极其重要的一部分。

问：从李俨、钱宝琮在20世纪初开创对中国数学史的科学研究，到这部《中国科学技术史·数学卷》出版，已有一百年的时间。经过几代学者的奋斗，我们已基本弄清了中国古代数学发展的面貌。是否这个领域的研究已到了题无剩义的地步？您对今后中国数学史的研究有什么建议？

郭书春：由于李俨、钱宝琮、严敦杰等大师筚路蓝缕的工作，中国数学史学科基础深厚，成果丰硕，自20世纪60年代钱宝琮主编的《中国数学史》出版时起，就有"中国数学史没有什么可搞了"、"是贫矿"的说法，这种看法20世纪六七十年代在学术界占据主导地位。三十余年来中国数学史的研究，特别是关于《九章算术》及其刘徽注的研究实践，证明了这种看法是不妥当的。同样，这种看法在今天仍然是不对的。总的说来，目前中国数学史的研究，包括《数学卷》的编纂，基本上还是沿着李俨、钱宝琮等开创的路子走的，使用的是传统方法。我们应该进一步与国际接轨，学习国外数学史界科学的、行之有效的研究方法。以新的方法、新的视角考察中国古代数学，一定会取得新的成果。我认为，以下几个方面应该特别重视。首先，就中国数学史的断代史而言，对两头的研究一直薄弱。一头是中国近现代数学史的研究，目前已有很好的起步，应该进一步加强。另一头是先秦数学史的研究，其薄弱的原因是资料缺乏。20世纪80年代张家山汉简《算数书》的出土，2007年底岳麓书院收藏了秦简《数》，改变了文字资料空白的局面，《中国科学技术史·数学卷》都有专门章节论述，但仍值得进一步研究。近年北京大学还收藏了400余支秦数学简牍，清华大学收藏了战国算表简，湖北睡虎地出土了200余支西汉数学简牍，都正在整理中。这些秦汉数学简牍提供了秦与先秦数学史最可宝贵的原始文献，对它们的研究，必将开辟中国数学史研究的新天地。

其次，开展中国古代数学社会史的研究，包括当时社会的政治、经济、社会思潮和文化背景，甚至各民族的不同的心理素质，所处的不同的地理环境，不同文化传统的交汇，以及科学技术其他学科的发展情况，即所谓外史的研究。

第三，开展数学思想史的研究，尽管过去有所涉猎，但总的说来还相当薄弱。

第四，要开展比较数学史与交流史的研究。比如研究中国传统数学与古希腊数学为什么会有不同的形式、风格和特点，研究中国传统数学与印度、阿拉伯数学的关系。为此应该培养不仅懂得英文、法文、德文、日文，而且能阅读阿拉伯语、梵文的数学史学者。

　　同时，我们应该清醒地看到，尽管20世纪二三十年代以来，中国古代数学的辉煌成就已得到国内外学术界中有识之士的公认，但是，在国内外学术界中，欧洲中心论或其他什么中心论仍占主导地位。他们或者对中国古代的数学成就视而不见，或者不顾起码的编年史，硬说中国的成就来源于比中国晚几百年的印度或别的什么地方。即使是对中国古代数学十分推崇的学者，也有中国古代数学没有理论，没有逻辑，更没有演绎逻辑的偏见。可见，向学术界、教育界，尤其是大、中、小学的教师、学生，乃至全民族普及数学史（中国数学史应在其中占据恰当的位置）知识，是十分必要的。这是数学史工作者责无旁贷的使命。

（2011年9月7日）

《奇器图说》：西学东传的一个"标本"

——访张柏春研究员

390 年前的 1619 年，来自德国的耶稣会士邓玉函远渡重洋，抵达澳门，从而开启了中德之间的科技交流。邓玉函是第一个将望远镜带到中国的传教士。他与来自陕西的官员学者王徵的相遇则促成了"我国第一部机械工程学"著作，也是最早介绍西方力学的著作——《奇器图说》的问世。近七年来，中国科学院自然科学史研究所与德国马普学会科学史研究所合作，对《奇器图说》一书进行了深入系统的研究，有一系列新的发现。日前，汇总这一研究成果的《传播与会通——〈奇器图说〉研究与校注》一书由江苏科学技术出版社出版。学界认为，在《奇器图说》的研究方面，该书是今后很长时间内都"难以超越的"一项成果，也是中西交流史研究的一个重要收获。为此，记者采访了该书作者之一、中国科学院自然科学史研究所张柏春研究员。

问：与徐光启翻译的《几何原本》、严复翻译的《天演论》相比，在中国近代译介西学的热潮中，《奇器图说》好像并不太知名，影响也有限。请问你们为什么会选择这本书投入这样大的力量来研究呢？

张柏春：《天演论》的翻译和传播是在鸦片战争之后。社会进化论在其传入中国的初期，对中国社会的影响远远大于学术层面的影响，甚至说形成了一种社会思潮。它为中国人理解落后就挨打提供了一种解释，也激励国人奋发图强。《几何原本》翻译成中文，在最初的一段时间内影响并不大。中国数学传统比较强，数学家们对《几何原本》还是很重视的，书中的知识后来是每个中学生都要学习的初等几何学。《奇器图说》最早向中国人介绍西方的力学和机械知识，其中讲到的杠杆原理、浮力等也是现在中学物理必讲的内容。相对天文、数学、农学、医学等在中国古代比较发达的知识领域，力学在《墨经》之后发展非常缓慢，成就有限，缺乏系统的理论阐释。我们研究西方科学如何传入中国，以及中国科学如何走向现代化，既要从天、数、农、医以及诸多技术门类加以考查，也要从力学知识这样不太发达的领域展开探讨，《奇器图说》就是这方面的一个很好的标本。

问：那么，《奇器图说》讲述的内容在当时达到了怎样的水平？

张柏春：在近代科学革命中，力学是一个起领航作用的学科，可以说，从伽利略到牛顿，力学成为近代科学革命的一条主线。《奇器图说》主要介绍了西方前经典时期的力学知识，吸收了从斯蒂文、圭多巴尔多的力学理论著作到拉梅利、贝松等人的机械专著，与当时伽利略等人研究的有关落体、弹道、单摆等力学前沿最具挑战意义的问题还有距离。事实上，在翻译《奇器图说》的过程中，中国学者王徵更感兴趣的是西方的机械等方面的实用知识，而来自欧洲的邓玉函则告诉王徵，要想理解西方的机械知识，知其所以然，就要首先学习相关的数学、力学理论知识。实际上，在当时的欧洲，部分工程师、科学家正在研究机械、火炮的原理，一些机械专家也注意到了技术背后的理论问题。但是，把数学、力学理论和机械技术结合起来，试图对机械进行"力"和"运动"的分析，写成书的做法在1627年以前还是空白，而《奇器图说》就是这样的一个尝试，在当时的世界上也是独一无二的。《奇器图说》原计划分四个部分：第一卷为"重解"；第二卷为"器解"；第三卷为"力解"，要做力的分析；第四卷为"动解"，要分析"运动法"。实际上，第一卷和第二卷的目标实现了，而第三卷和第四卷却未能按照原来的计划编写。其实，以力学理论分析复杂的机械，实现这个目标太有难度了，到了19世纪才做到。不管怎样，《奇器图说》的这个构思非常超前，称得上一部奇书。

问：《奇器图说》完成之后产生了怎样的影响？

张柏春：《奇器图说》的编译大约是在1626年底至1627年初。1628年，南京人武位中在扬州首次刊刻了该书。在今天，南京的江苏科学技术出版社出版了《传播与会通——〈奇器图说〉研究与校注》，实在是一个历史的巧合。从1628年到1644年明朝灭亡的16年间，该书至少有3个刻本。在清代，该书多次重印，使总的版本数达到了十几个，另外还有一些抄本，并被选入《古今图书集成》和《四库全书》。应该说，《奇器图说》流传是很广的。

　　但是，《奇器图说》实际产生的影响如何呢？第一，我们认为，这本书对工匠们的影响是不够大的。第二，书中的理论内容引起了中国优秀的数学家的关注。例如，清初另一位数学家薛凤祚对该书进行了重新整理和选编，实际上对书中的力学知识进行了重塑和简化。清初著名数学家梅文鼎致力于中西数学的会通，他曾仔细研究过《奇器图说》，并为该书作注和补诠，在注中为书中的一些原理作了数学推证。

　　值得注意的是，王徵编译《奇器图说》时删掉了西文底本中的数学证明。后来，中国数学家研究该书也首先注重算法，而忽视其物理概念。沿着这样一条道路走下去，中国科学是不可能沿着力学这条路径走向近代化的。力学学科在中国的建立要等到200多年后才真正开始。

　　问：《奇器图说》为什么没能产生更大影响？

　　张柏春：制约知识传播效果的因素有很多。中国的力学理论传统比较弱，王徵编写这部书时，以及后来的学者研究它时，实际上都没有全盘接受力学理论体系。相对而言，中国在机械方面的技术传统是比较强的，那是不是《奇器图说》中机械方面的内容会有更多实际影响呢？其实也不尽然。甚至我们发现，《奇器图说》理论方面的内容还对薛凤祚、梅文鼎等学者产生了影响，而对实用技术知识产生的影响却很有限。在实践方面，外来知识并不容易取代本土知识。举个例子，中国的龙骨水车与西方的螺旋式水车各有特色，功效相当。龙骨水车在中国是很好用的机械，而在西方人看来，却觉得比较复杂。西方人熟练地掌握了阿基米德螺旋式水车的技术。当螺旋式水车介绍进来时，中国人却对它不得要领，认为不便于修造，所以就不可能推广开来。这就说明，在知识的竞争中，一种知识如果没有特别强的比较优势，就难以发挥实际影响。另一个例子是钟表，因为欧洲的器械钟表相对中国的计时仪器具有明显的优势，所以很容易就被广泛接受了。

问：《奇器图说》作为西学东传的一个标本，解剖它，你们得到了哪些结论？这本书为什么取名为《传播与会通》？

张柏春：一种文化传入另一种异质的文化，都有一个如何与本土文化互动、重构、会通的问题。这个过程是怎样进行的？后果是什么？影响这个过程的因素有哪些？这类问题正是我们的课题组要探讨的。在《传播与会通》的第七章中，我们对此有详尽的表述。第一，要考虑中西交流的社会和文化条件。第二，需要关注传播与会通过程中的知识选择。第三，跨文化传统间的知识传播能否成功，很大程度上取决于传入的知识是否较其进入的传统中固有知识具有优势，技术传播尤为如此。第四，中西文化传统的相容性是影响中西科技知识传播的重要因素。第五，传播不是简单的知识流动，而是要与本土文化发生互动。

问：有学者开玩笑说《奇器图说》是西方力学传播到中国的"山寨版"，这样说有道理吗？如何看待西学东传这个过程的曲折和复杂呢？

张柏春：这个说法很有趣。他大概是用此来形容西学传入后的本土化，很形象，但不一定很准确，我觉得还是"传播和会通"的说法更能全面地反映西学东传这个过程的丰富意蕴。近现代以来，每一项西方科学技术传入中国，都有诸多的复杂和曲折之处，像相对论、量子力学的传入甚至曾招致政治大批判。虽然今天我们很多方面的科学技术研究和西方几乎是同步的，但是，是否我们和西方就站在同一起跑线上了呢？为什么与西方科技界相比，我们缺乏创新，这背后究竟有哪些深层的文化原因？这值得我们深长思之。我们科技史工作者应当为理解这些问题做点贡献。

（2009年3月19日）

那些"沙滩上建房子"的人

——访田松博士

在我们身边，有相当数量的"民间科学爱好者"：他们一般并非供职于科研机构，而多为公务员、教师、工人甚至农民；他们往往选择具有轰动性的大题目，有人试图证明哥德巴赫猜想或黎曼猜想，有人致力于推翻相对论或量子力学，有人热衷于研制永动机，有人试图构造新的宇宙论或进化论体系；作为一个特殊人群，他们常常受到媒体的注意，不时成为报道的对象，引发了社会各界的各式评论。

田松博士近期出版的《永动机与哥德巴赫猜想——江湖中的科学》，对"民科"现象进行了较为全面的描述和分析，是国内第一部系统论述这个话题的专门著作。

问：您为什么会选择"民科"现象作为研究题目？

田松：作为学者，我多少有点儿"出身不正"，在到北大做博士后工作之前，做过物理教师、文学编辑，读了两个博士学位（科学史和科学哲学），才正式进入学术领域。从秉性来说，可能我不是书斋式学者，我很敬佩从文献到文献皓首穷经的学问，读博士以来也一直在补这一课，但我总是对社会现实有所关注。对于引起困惑的问题，我总是要进行解释，不然就觉得心里不舒服。比如我看到地上有一块光斑跳动，我本能地会寻找光源，去解释它的来源。"民科"也是这样，那么多人，费那么大的劲儿在"沙滩上盖房子"，这事儿让人困惑，就忍不住想要解释它。对一种"奇怪"的社会现象进行解释，我想这个研究是有价值的。对于医生来说，一个健康人的价值可能不如一个病症特殊的病人。我觉得"民科"问题缠结着科学与公众、社会等多方面的因素，对这个特殊病症的解剖，其价值不亚于分析正常社会人群。

我觉得我这个工作挺像社会学。搜集"民科"创作的文本、媒体对"民科"的报道，以及直接与"民科"打交道，等等。像费孝通先生写江村生活，江村是他的田野。"民科"这个特殊人群，就是我的田野对象。

对于一个特殊的现象，如果简单地说人家荒谬，是伪科学，那是我不能满意的，我需要进行解释。当然，最初仅仅要进行解释，但是在解释的过程中，得出了一些连我自己都感到吃惊的结论。

问：您如何定义"民间科学爱好者"？

田松：我对"民科"的定义也是逐渐明确的。现在的表述是这样：所谓民间科学爱好者，是指在科学共同体之外进行所谓科学研究的一个特殊人群，他们或者希望一举解决某个重大的科学问题，或者试图推翻某个著名的科学理论，或者致力于建立某种庞大的理论体系，但是他们却不接受也不了解科学共同体的基本范式，与科学共同体不能达成基本的交流。总的来说，他们的工作不具备科学意义上的价值。在定义"民科"的同时，我还定义了另一个群体：业余科学爱好者，比如业余天文爱好者，他们能够和科学共同体达成交流。这个补充是必要的。从理论上说，一个"民科"如果能够和科学共同体达成交流，就不再是"民科"，而变成了业余科学爱好者。这种定义方式遭到了批评，认为我的理论不能证伪。我的辩护是：我是在对症状进行定义，不是在对特定的人进行定义。正如一个人在感冒结束之后，就不能再说他是感冒患者。

问：以您的观点，认为"民科"绝无可能做出惊世大发现。而支持"民科"的人认为，"民科"受到了主流科学界的漠视甚至压制，有可能导致他们的重大发现被埋没。您如何看待这种说法？

田松：确实，并不是所有"民科"的"研究"犯的都是低级错误，容易识别。有些人的文章看起来也挺高深的。有些似乎还很专业，普通人乃至普通专家都不容易判断它是否正确。但如果因此说主流科学界压制他们，或者说科学共同体存在严重的体制问题，我不能同意。科研成果的发表遵循一定的规则和渠道，那就是向科学期刊投寄论文，经过同行评议，如果发表，就进入了公共知识流通领域。论文的价值则通过正常的引用、同行的评价来确认。比如蒋春暄对哥德巴赫猜想的证明，已经在美国一家名为《代数群几何》的杂志上发表，这很好。但是，中国科学院自然科学史研究所张利华研究员发现，《代数群几何》并没有被列为 SCI，也不是一个数学界认同的专业杂志，那位高赞蒋春暄为未来学科领袖的杂志主编桑蒂利本身也不是专业数学家。其实早在 1978 年，在当时中科院院长方毅的过问下，中科院数学所就为蒋春暄开过论证会，认为蒋春暄所做的只是"无谓的探索"。

科学共同体里也许有"学阀"，科研成果的发表体制也许还有缺欠，但说"民科"受到了科学界的压制，我认为是"虚拟"的，科学界一直是开放的。当初华罗庚仅仅是指出了苏家驹论文中的一个小错误，就受到了数学界的关注，并很快进入了主流数学界。我的建议是，今天证明哥德巴赫猜想的人们，不妨先证明一两个小的数论问题让行家看看。

问："民科"常常引用科学史上的一些案例来为自己辩护。他们常常自比为受到不公正待遇的哥白尼、伽利略、魏格纳……确实，历史上，很多科学家的理论由于太具革命性，太超前，科学界不认可，乃至压制他们。会不会今天的"民科"中，也有哥白尼式的伟大人物？

田松：人们对科学史上类似故事的使用往往很不准确。比如哥白尼，他本来就是科学共同体的正式成员，与欧洲的科学家有很好的交流。魏格纳的情况稍微复杂一些，他本来是一个气象学家，却在地学方面提出了"大陆漂移"假说，属于"大胆假设，小心求证"的类型，他的成功有一点偶然，但并非不能解释。

另外，科学史上更多的例子是，有人提出一个匪夷所思的理论，当初是谬误，现在还是谬误。用科学史上的故事来证明"民科"可能做出了重大发现，逻辑上推不过来。即使现在一万个"民科"中有一个可能挖到了金子，也不能说这一万个"民科"

手里捧的都是金子。

还有呢，不能把思辩等同于科学理论，正像我们把提出"日心说"的优先权给予哥白尼，而不是古希腊的阿里斯塔克；把提出"原子论"的优先权给予道尔顿，而不是留基伯或德谟克利特。思辩与科学理论之间，可以说是有天壤之别。国内有一位"民科"老刘提出了"杂交致癌学说"，就属于思辩性质。即使将来这个想法得到了证实，那也不会是老刘的成功。老刘的工作顶多出现在致谢和脚注里。

问：据您的了解，目前中国"民科"的数量有多大？在西方是否有一个类似的群体？中国近现代以来的历史上有"民科"这样一个群体吗？

田松：具体的数量比较难说，但估计不会少。特别是哥德巴赫猜想的证明者，有人称他们为"哥迷"，其成员恐怕几千都不止。

西方的情况我不是特别了解。三联出过拉德纳的一本书，书名是《真理与谬误》，其中提出一个概念叫"狂想者"，类似我们所说的"民科"。但也有不同，"狂想者"多探求一些不可思议的事情和理论，其中大多可说是典型的伪科学，像冯·丹尼肯这样的人。有特殊爱好的人自古就有，如历史上一些《怪异志》的记录。但我觉得，当代中国的"民科"从规模、特点来看都是很独特的。

问：那么，您认为当代中国为什么会出现"民科"这样一个群体呢？

田松：一个社会现象的出现，总有复杂的社会文化成因。

我认为"民科"要具备两个条件,一是受过理想主义教育,二是赶上了20世纪80年代初期"科学的春天"。所以我推断,"民科"的年龄一般不会低于30岁。比如我们这一代人,从小就被教育要有远大理想,为人类造福、为祖国争光什么的,为了这个理想可以放弃物质生活,甚至付出生命。我总结为苦行和牺牲。徐迟1978年发表的报告文学《哥德巴赫猜想》中,陈景润也具有苦行和牺牲的精神。在2002年国际数学家大会上,我遇到一位农民装束的"哥迷"刘先生,他慷慨激昂地说:"一个人怎么能没有精神呢?你没有精神,总想着个人那点事情,国家成了什么样子了?我们农民就不能证明哥德巴赫猜想?就不能为国争光?你们科学家不证,还不让我们证,那不全让外国人证了?"他承认经济上非常困难,借钱都找不到人借了。

那么,为什么科学成了这些人献身的对象?我认为与科学在主流话语系统里获得至高无上的地位有关。"文化大革命"期间,科学家和知识分子地位都不高,搞科学还有可能被认为是走白专道路,那时候不可能出现"民科"群体。但是科学仍然是个大词。"文化大革命"结束,"科学的春天"突然来临,科学家获得了崇高的地位。徐迟的报告文学正是在这种氛围中诞生的,由于哥德巴赫猜想表述简单,普通人也能理解,又被喻为"科学皇冠上的明珠",吸引很多人做起了哥德巴赫之梦。致力于其他专业领域的"民科"也有类似的机缘和心理动机。与此同时,文学也曾获得崇高的社会地位,造就了大量的民间文学爱好者。所以,"民科"的出现,与所谓"文学青年"的出现在社会心理动因上有相似之处。

再具体点说，我发现，"民科"基本上是按科普书刊和大众传媒上对科学和科学家的描写而进行自我塑造的。传统科普里的那种"坚持真理、不食烟火、勇于牺牲、刻苦钻研"的科学家形象就是他们模仿的样板。深圳贺承军先生称"民科"的行为是"自编自导自演的关于'科学研究'的行为艺术"，这个评论用语刻薄，但抓住了本质。

这些结论令我自己都觉得惊讶，但它们是我在研究中自然而然得出的。

问：在你的笔下，一方面是对"民科"及其理论的全面否定；另一方面却对他们有所同情，以至于江晓原先生说是悲天悯人之作，为什么会这样？

田松：在与"民科"打交道以及写作此书的过程中，我常常感觉到矛盾和困惑。我觉得，这些"民间科学爱好者"是在沙滩上建大厦，大厦将永无建成之日，而他们只能拥有一次的人生就将耗在了这"不可能完成的任务"上。这是一种人生的悲剧，所以我很同情。但我不支持也不认同他们的做法。人生在世，安身立命是基础。许多"民科"连自己的生存问题都解决不好，忍饥挨饿地为改写科学史而奋斗，为虚幻的理想而献身，这多少有些荒谬。我希望这些"民间科学爱好者"自己能认识到我所说的——但是说实话，我对此也不抱希望。因为"民科"的一大特点就是，不能交流。

（2005年1月5日）